KB047354

내일을 예고합니다

미래를 만드는 아시아의 기획자들

[이 책의 저자들]
Đạt Foods : 에토 모토히코
ShopKirana : 가나모리 유키 (요코쿠연구소)
臺東慢食節 Taitung Slow Food Festival : 가가 다이키
해녀의 부엌 Haenyeo's Kitchen : 구도 사키 (요코쿠연구소)
island company : 다나카 야스히로 (요코쿠연구소)

個人

組織

내일을

미래를 만드는
아시아의 기획자들

예고 합니다

自律

協働

豫告

고쿠요 요코쿠연구소 ·
주식회사 리퍼블릭 지음

제준혁 옮김

유유북

목차

미래, 예측하지 말고 예고하라

사회가 복잡해지고 불확실성이 높아지면서, 지금까지의
연장선 위에서 미래를 그려보기가 더욱더 어려워졌습니다.
이런 시대에 우리는 어떻게 사회를 마주보고, 미래를 상상하고
창조해나가면 좋을까요?
불확실한 상황에서도 희망이 있는 시대를 만들어가기 위해
요코쿠연구소의 연구원들은 다양한 실천가들과 대화를 거듭하며
미래에 대한 힌트를 찾고 바람직한 사회를 그려보며 직접
부딪쳐보고 있습니다. 원하는 미래를 만들어가려면 미래를
객관적으로 '예측'해보는 것 이상으로, 주체적으로 생각하고

실천하며 '예고(요코쿠연구소의 요코쿠는 한국어로 예고(予告)다)' 하는
자세가 필요하다고 생각합니다.

모두의 개성이 존중받고 자유로운 발상이 빛나는 사회. 각자의
가치관을 존중하며 서로 연결되는 사회. 얼핏 모순되는 듯
보이지만 자율과 협동이 양립하는 '자율협동사회'가 이 책이
그리는 미래의 모습입니다. 실현이 쉽지는 않겠지만, 미래를
'예고'하며 끊임없이 행동한다면 이러한 미래에 한 발짝씩
가까워지지 않을까요?

이런 가설에서 출발해 한국, 일본, 베트남, 인도, 대만에서
행동하고 있는 실천가들과 이야기를 나누었습니다. 이 책을 통해
자기 손으로 사회를 변화시키는 실천가들의 행동과 사고방식을
여러분에게도 전하려 합니다. 지금부터 자율협동사회를 향해
떠나는 여행을 시작합니다.

고쿠요 요코쿠연구소

내가 꿈꾸는 미래를
만들어갈 용기

많은 사람이 남부럽지 않은 삶을, 잘 사는 삶을 꿈꿉니다.
그런데 어떻게 해야 잘 사는 걸까요? 남들보다 잘 살면 되는
걸까요? 그 기준은 무엇일까요?

IT 업계에서 일했을 때 저는 빠른 성장을 좇았습니다. 그러면서
한편으로는 이 일이 누구에게 어떤 기쁨과 변화를 주는 건지
의문을 품었지요. 그런 저에게 자신이 옳다고 믿는 미래를
그리고 행동하는, 이 책에 나오는 실천가들의 이야기가 큰
용기를 주었습니다. 더구나 미국이나 유럽 같은 서구 사회의

사례가 아니라 동시대를 살아가는 아시아의 실천가들이
어떤 문제의식으로 행동하는지 깊이 살펴볼 수 있어 더 가치
있었습니다.

저는 이 책을 낫토 만드는 방법을 배우기 위해 일본 교토에서
인턴으로 일할 때 만났습니다. 아침 일찍 일어나 공장에서 전날
불려둔 콩을 찌고, 낫토균을 분사한 뒤 포장해서 발효실로 옮기고
다음 날 쓸 콩을 씻고 불려두는 일을 거듭했죠. 오후에는 낫토를
납품하기 위해 교토 시내의 마트나 식료품점, 제로웨이스트숍
등에 들렀습니다. 납품처 중에는 호호호자(ホホホ座)라는 서점
겸 다양한 이벤트를 개최하는 문화살롱 같은 곳도 있었는데,
진열된 책들의 소개가 재미있어 정신을 차려보면 책 몇 권이 손에
들려 있곤 했습니다. 그중 하나가 바로 여러분이 읽고 있는
이 책입니다.

이 책을 쓴 요코쿠연구소가 소속된 고쿠요주식회사는 120년
넘는 역사를 가진 문구류 및 오피스가구 제조사입니다. 언뜻
제조기업이라고 하면 대안적인 미래와는 궤를 달리할 것 같지만,
고쿠요주식회사는 40년 가까이 사람들의 삶의 방식과 일하는
방식을 조사하고 연구해온 회사입니다. 한국에서도 잘 알려진
산간마을 가미야마에 2023년 개교한 가미야마 마루고토

고등전문학교 설립에도 참여했고요.

이 책의 출간 미팅을 위해, 일본의 저자들과 도쿄 시나가와역에 있는 고쿠요 사무실을 방문했었는데요. 오랜 역사를 가진 큰 기업인 만큼 딱딱한 분위기를 예상했는데, 모든 공간을 조직이나 팀 단위가 아니라 기능 단위(집중하기, 정돈하기, 키우기, 시도하기, 모이기, 창조하기)로 새롭게 구성하고 일하는 방식을 실험하는 모습이 인상적이었습니다.

이러한 대기업의 활동이 단순히 사회적 책임을 다하기 위한 사회공헌 활동일까요? 그렇지만은 않을 겁니다. 과거 고쿠요는 '좋은 품질의 상품을 통해 세상에 도움이 된다'라는 경영이념을 가지고 사회에 공헌해왔습니다. 하지만 물질적인 충족만이 행복의 전부는 아니라는 사실을 알게 된 지금, 대안적인 사회를 모색하는 시도가 필요하다는 사실을 통감했으리라고 생각합니다.

지그문트 바우만의 '액체 현대'라는 개념이 말해주듯 우리는 앞으로도 불확실하고 예측 불가능한 시대에서 살아가야 합니다. 현대인은 인간이 모든 것을 통제할 수 있다고 생각했던 근대 과학자들보다 더 많은 것을 알고 있지만, 더 큰 불안에 시달립니다. 앞으로 내 삶이 어떻게 될지, 무엇을 소중하게 여기며 살아가야 할지 그 누구도 확실하게 안다고 말할 수 없기 때문입니다.

불안하기 때문에 절대적 기준이 있다는 말에 마음이 동하기도 하고, 불안하기 때문에 무기력에 빠지기도 합니다. 그런데 어차피 아무도 정답을 모르는 세상이라면, 그럴수록 적어도 나는 자신의 말에 귀 기울이고 믿어주는 게 좋지 않을까요? 나와 비슷한 가치관을 가진 사람들과 함께할 수 있으면 더욱 좋고요.

물론 쉬운 일은 아닙니다. 매일 막연한 불안과 예측하기 어려운 미래를 앞에 두고도 흔들림 없이 나를 믿는 게 쉬울 리가 있나요. 그렇지만 저는 이 책을 발견하고 기획하고 한국어로 옮기는 과정에서 용기를 얻었습니다. 자신이 꿈꾸는 미래에 다가가기 위해 직접 실천하는 사람들의 이야기를 접한 덕분이지요.

우리는 자신이 원하는 일을 할 자격이 있고, 꿈꾸는 것을 해낼 힘이 있습니다. 자신의 미래를 직접 예고하며 만들어 나가는 아시아 실천가들의 이야기를 통해, 여러분도 스스로에게 "나도 내가 원하는 미래를 만들어 나갈 자격이 있다"라고 말할 수 있기를 진심으로 소망합니다.

기획자 제준혁

자율과 협동의 실마리를 찾아,
아시아의 실천가들을 만나다

우치다 유키(內田有紀) : 도시 디자이너, 주식회사 리퍼블릭의 시니어디렉터
에토 모토히코(江藤元彦) : 고쿠요주식회사 요코쿠연구소 연구원

에토   미래 사회의 모습을 그려보며, 지금과는 다른 삶의 방식과
일하는 방식을 모색해온 리서치 프로젝트를 몇 년째 고쿠요와
리퍼블릭이 함께하고 있네요.
고쿠요는 일하는 방식의 미래를 생각하는 '워크스타일
연구소'와 별개로 2022년에 요코쿠연구소를 설립했습니다.
일과 생활과 배움을 구분하는 것이 점점 무의미해지는
가운데, 대안적인 미래 사회를 더욱 폭넓게 연구하고 실천할
필요를 느꼈기 때문입니다.

코로나19 이후 우리 사회에 찾아온 변화가 너무
급격해서일까요? 2020년 초에 다녀온 야마가타현
츠루오카시 필드워크가 벌써 오래전 일처럼 느껴지곤 합니다.
그 이후 사람들과 실제로 만난 것도 손에 꼽을 정도니 참
이상하죠.

우치다 그렇네요. 온라인으로는 일주일에 2~3번이나 만나고 있는데
말이죠. 실제로 만나는 건 어려워졌지만, 원격 교육과 원격
의료 그리고 제조업의 분산화 등 장소의 제약 없이 사회와
소통하는 일이 코로나를 계기로 단숨에 현실화된 느낌이에요.

에토 온라인 회의 같은 기술이나 재택근무 같은 제도가
갖추어지면서, 저도 본업과 별개로 부업을 해보거나
개인적으로 지역 프로젝트에 참가하는 등 다양한 시도를 하고
있어요. 도쿄, 니가타, 가나가와에 각각 거점을 두는 3거점
생활도 해봤고요. 회사가 아닌 다른 장소에서 새로운 삶의
방식과 일하는 방식을 모색해볼 수 있는 상황이 다양하게
주어지고 있다고 생각합니다.

우치다 에토 씨처럼 기존 조직의 틀을 벗어나 본인이 관심 있거나
좋아하는 일에 도전하는 사람이 정말 많아졌어요. 예전에는

프리랜서가 아니면 시도하기 힘들었지만, 지금은 직장인
중에서도 이런 분들이 많죠.

에토 개인의 자유도가 높아져서 긍정적인 측면도 있지만,
한편으로는 '모두가 자유롭게 행동하는 게 사회 전체에도
좋을까?'라는 의문도 있었던 게 사실입니다. 그러다 다양한
지역에서 하고 싶은 일을 멋지게 실현하는 분들과 교류하면서
힌트를 얻기도 했습니다. 그들 모두 '누군가를 위함'과 '나를
위함' 간의 교집합이 크다는 공통점이 있었어요.

우치다 아, 무슨 말씀인지 저도 알 것 같아요. 제 고향인 후쿠이현에
사는 지인과 공예 장인분들의 생활상을 통해 따로 또 같이
일하는 모습을 엿볼 수 있었어요. 물론 정답을 얻었다고 할
수는 없고, 지금은 다들 자유와 협동에 대해 자신만의 답을
모색하는 상황이라 생각합니다.
한편으로 일을 통해 다양한 시도를 해볼 수 있는 자유가
오히려 불안을 느끼게도 하죠. 기존 제도나 조직문화와
부딪치는 부분도 있고, 눈에 보이지 않는 알력이나
갈등이 생길 수도 있고요. 이런 변화를 따라가지 못하는
사람이나 변화를 좇느라 놓쳐버리는 일도 적지 않았을 거라
생각합니다.

에토   개인의 자율적인 삶뿐 아니라 협동하는 것, 즉 누군가와
함께하는 방법이 꼭 필요하다고 느낍니다. 이러한 인식이
이번 리서치 프로젝트의 출발점이었죠. 개인의 자율성과
타인 및 지역과의 공생을 균형 있게 실현할 수 있는지에
대한 힌트를, 이미 그렇게 일하며 사는 실천가들과
대화하며 발견할 수 있지 않을까 생각한 게 이번 프로젝트의
시작이었습니다.

어디에서 누구를 만나야 할지 고민할 때 문득 떠오른 것이
바로 아시아 국가들이었습니다. 아시아에서는 인구 증가나
경제발전, 기술혁신 등 모든 면에서 상상 이상으로 급격한
변화가 일어나고 있죠. 그런데 우리는 아시아의 일부이면서도
정작 아시아에 대해 제대로 알고 있지 못하는 게 사실입니다.

우치다   비즈니스 모델이나 조직론부터 디자인 트렌드, 환경정책에
이르기까지 무의식적으로 서양의 사고방식에 많은 영향을
받아왔죠. 과연 동시대를 살아가는 아시아인들은 이러한
사회 변화를 어떻게 받아들이고 있을까요? 잘 알려졌다시피
아시아 모든 나라의 전통에는 자연에 대한 경외심이나
자신보다 위대한 존재에 대한 존경이 깃들어 있습니다.
이것이 오늘날 그들의 일과 삶에서는 어떤 모습으로 나타나고
있을까요? 아시아의 실천가들은 다가올 사회에 대해 어떻게
생각하고 있을까요? 저희는 그들의 관점에서 미래를
상상해보고 싶었습니다.

에토　　　이번 조사에서는 베트남, 인도, 대만 그리고 한국과 일본에서
　　　　활동하는 실천가들과 이야기를 나누었는데요. 같은
　　　　아시아에서도 역사적, 문화적 차이가 크다는 것을 대화를
　　　　거듭하며 여러 차례 느꼈습니다. 한편 자연과 사람, 개인과
　　　　가족에 대한 거리감 같은 주제에서는 공감되는 부분이
　　　　많았고요.

우치다　　저는 이번 프로젝트를 통해 자율과 협동이라는 화두에 대해
　　　　함께 생각하고, 방법을 모색할 수 있다는 가능성을 다시
　　　　확인했습니다. 각국의 실천가를 소개해주신 분들의 이야기도
　　　　그 나라의 사회적 문맥을 깊이 이해하는 데 도움이 되었고요.

에토　　　우리는 앞으로 어떤 삶의 방식, 일하는 방식을 지향해야
　　　　할까? 내가 속한 조직은 어떻게 그 방식을 지지하고 지원할
　　　　수 있을까? 이 책을 집필하면서 이런 질문에 대해 깊이
　　　　생각해보는 계기가 되었습니다.

우치다　　이 책을 읽는 독자분들도 자신과 자신을 둘러싼 환경이
　　　　어떻게 하면 더 좋아질지 고민하고 행동하는 분들이라고
　　　　생각합니다. 이 책이 그 고민을 함께 나누는 계기가 되기를
　　　　바랍니다.

Dat
Foods

먹는   사람도

          만드는   사
                           람
                           도

                    건강하게

소개

부이탕롱 Bui Thanh Long | 공동창업자, CEO
1987년생. 베트남 북부 닌빈성 출신. 호치민은행대학교를 졸업하고
NGO에서 소셜 워커로 일했다. 2017년, 닷과 루안과 함께 댓버터 Dat Butter 를 설립했다.

랑당닷 Lang Dang Dat | 공동창업자, CPO
1988년생. 똔득탕대학교에서 기계공학을 전공했다. 생산관리 부문의
슈퍼바이저로 8년 동안 마산그룹과 페르페티 반 멜레 Perfetti Van Melle
에서 일했다. 그 후 댓버터의 설립에 함께했다.

루안 젠킨스 | 공동창업자, 마케팅 리더
1985년생. 베트남 북부 하띤성의 농가에서 태어났다. 어릴 적 미국인
가정에 입양돼 미국에서 자랐다. 대학을 졸업하고 베트남으로 돌아왔
을 때 친부모님이 돌아가신 일을 계기로 베트남의 가난한 농민을 위해
일하기로 결심했다. 지금은 크리에이티브 디렉터로서 여러 회사의 경
영에 관여하며 댓푸드의 브랜딩을 담당하고 있다.

댓푸드

2017년 롱, 닷, 루안이 댓버터 소셜 엔터프라이즈로 설립했다. 자연농법 땅콩 재배 지원과 땅콩버터 R&D 및 판매를 시작으로 옥수수나 참깨 등 다양한 농작물로 영역을 넓혀가며 현재는 사명을 댓푸드로 변경했다. 처음에는 4곳에 불과했던 농가 파트너십을 2021년에 17곳으로 늘렸고, 고급식료품점을 중심으로 상품 거래처를 165곳 이상으로 확장하고 있다. 'Dat'은 영어 'That's'의 슬랭이자 베트남어로는 '뛰어난, 귀한'이라는 의미다.

구성원	12명
매출	약 20억 동(약 1억 원)
창업년도	2017년
본사 소재지	베트남 호치민시
홈페이지	https://www.datfoods.vn/our-mission/

훔치던 근교의 자재지.
땅콩 수확이 한창인 모습.

자연농법으로 수확한 땅콩.

나이 지긋한 농부와 함께하는 젊은 청년들.

모두를 행복으로 이끄는
'왜?'라는 질문

　　　　호치민 근교의 구찌현. 음력설이 지난 땅콩밭에서는 수확이
한창입니다. 햇볕이 쨍쨍 내리쬐는 밭에서 농부들이 잘 여문
땅콩을 한 알 한 알 정성스레 선별합니다. 제초제나 화학비료를
쓰지 않고 재배한 땅콩은 밭 옆에 자리한 공장에서 수작업으로
피넛버터나 피넛오일로 가공됩니다. 논라(원뿔 모양의 베트남
전통 모자)를 쓴 나이 지긋한 농부들과 20~30대 청년들이 모여
장난스레 농담도 하고 진지하게 의견도 주고받는 평화로운
분위기 속에 작업이 이뤄집니다. 이곳은 댓푸드(Dat Foods), 창업

7년 차의 작은 회사입니다.

창업자인 루안 젠킨스 씨는 베트남 농가에서 태어나 미국의 입양
가정에서 자랐습니다. 성인이 되어 모국인 베트남으로 돌아온
그는 농업 종사자가 처한 어려운 현실을 마주했습니다. 그렇게
이들의 처우를 개선하는 일을 하자고 결심했죠. 취지에 공감한
친구 롱과 닷이 함께하면서 이들의 도전은 시작되었습니다.
농업에 대한 지식이 전무했지만, 이들은 만드는 사람부터
먹는 사람까지 이어지는 건강한 밸류체인을 만들고 많은 농업
종사자가 업을 지속할 수 있도록 돕고 있습니다.

아이들이 웃으며 뛰어노는 모습을 보고 있자면, 이곳은 지극히
한가롭고 평온한 시골 마을 그 자체입니다. 하지만 이곳 사람들의
삶과 일은 대도시 사람들의 그것보다 더 치열할지도 모릅니다.
어쩌면 이들이야말로 '사람은 왜 배우고 일하는가?'라는 질문에
실천과 행동으로 답하고 있는 것 아닌가 하는 생각이 들었습니다.
이런 첫인상을 갖고 창업자 롱 씨와 이야기를 나누었습니다.

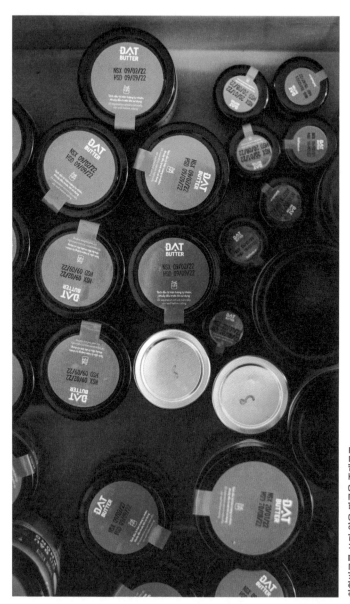

화학비료를 쓰지 않은 땅콩을 주재료로
수작업으로 만든 댓푸드의 피넛버터.

내 안의 '왜?'에 답할 수 있다면,
모르는 것도
얼마든지 알아갈 수 있어요

▷ 농업 종사자들이 처한 상황을 바꾸고 싶다는 강한 의지에서
시작된 댓푸드, 그 동기가 참 매력적입니다. 롱 씨는 원래
복지 관련 일을 하셨다고요?

▶ 네, 저는 소셜 워커로 일하며 어려운 입장에 처한 사람들과
함께해왔습니다. 베트남에서 농부들은 가장 취약한 집단 중
하나인데요. 가장 큰 이유는 농작물 가격을 스스로 정할 수 없다는
것입니다. 이 문제를 마주했을 무렵에 루안과 닷을 만났습니다.

3명 모두 농업 종사자를 지원하여 수입을 늘리고 그들의 사회적
지위를 향상시키고 싶어 했죠. 그렇게 댓푸드를 시작하게
되었습니다.

▷ 기업 미션이 '건강한 먹을거리를 모든 사람에게'죠. 먹는
 사람은 물론 만드는 사람도 건강한 구조, 노동의 대가가
 정당하게 지급되는 구조를 가장 중요시한다고 들었습니다.
 다만 3명 모두 농업과 관련된 경험이 전혀 없다는 건
 의외였어요. 실행력만큼 전문지식이나 최신기술 같은
 정보력도 필요할 텐데, 이런 부분은 어떻게 해결하시나요?
 팀이 어떻게 운영되는지도 궁금합니다.

▶ 어떻게 배우는지에 앞서 모든 것의 기반이 되는 질문이
있습니다. 어떤 일을 어떻게 할 건지 정하기 전에,
'왜 이 프로젝트를 추진하는가?'라는 질문에 답하고 자신을
이해시켜야 해요. 가장 먼저 제 안에 있는 '왜'를 명확하게
찾았습니다. 그 뒤에 인터넷이나 논문 등 여러 채널을 통해 정보를
모았죠. 필요하면 그때그때 농업기술이나 자금조달, 식품개발
등의 분야 전문가들과 상담하면서 식견을 넓혀왔습니다.
이 프로젝트의 취지에 공감해주시는 분들에게 상담을

부탁드리기도 했죠. 농업 종사자나 다른 파트너에게 배운 지식도
많습니다.
저희가 진행하는 인턴십 프로그램에서도 이와 같은 과정으로
운영됩니다. 인턴십이 끝날 무렵에는 참가자들도 자기 스스로
배우는 방법을 익히게 됩니다.

▷   스스로 배우는 방법을 가르친다… 뭔가 어려워 보이네요.

▶   기본적으로 저희가 평소에 중요하게 여기는 걸 실천할
뿐이에요. 우선 '이것을 왜 하는가?'라고 스스로 물어보면서
댓푸드의 비전과 함께 일하는 이유에 공감하는지 확인합니다.
이때 인턴들은 자기 자신과 마주하는 시간을 가지게 되지요.
내가 무엇을 좋아하고 잘하는지, 무엇을 어려워하고 싫어하는지
알아가면서 스스로를 깊이 이해하게 되죠. 이게 첫 번째
과정이에요.
그 후에 회사를 잘 알기 위해 영업, 개발 등 각 부문을 돌면서
일해보는 트레이닝 과정을 거칩니다. 이 경험을 통해 내가 어떤
일을 할 때 행복한지 발견할 수 있죠. 이렇게 나 자신과 조직을
이해한 뒤, 어떤 부문에서 배우고 싶은지 정합니다. 이들의
배우고 싶어 하는 마음을 곁에서 지원하는 것이 저희 일이고요.

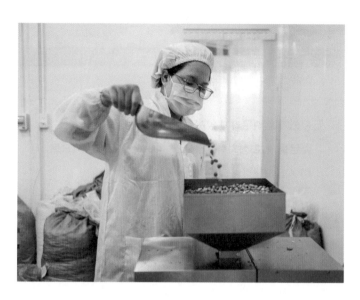

"댓푸드의 팀원은 일을 하기에 앞서
'이것을 왜 하는가?'에 대한 답을 먼저 찾습니다."

▷   무언가를 배우기에 앞서, 우선 자신이 행복을 느끼는
     부분을 찾고 심화하는군요. 배우는 과정은 구체적으로
     어떻게 지원하나요?

▶   직접 가르치는 경우도 물론 있지만, 저희도 잘 모르는
부분은 그들이 배울 수 있는 시간을 확보하거나 컨설턴트나
전문가를 이어줍니다. 학습 생태계를 제공함으로써 스스로 배울
수 있도록 하는 거죠.

▷   개개인이 자율적으로 배울 수 있도록 마인드셋과 환경을
     구축하는 것이군요. 농업이나 환경에 관한 최신기술이나
     지식을 얻기 위해 신경 쓰는 부분도 있나요?

▶   전 세계에서 매일 생겨나는 기술을 받아들이려면
아무래도 인터넷을 활용하는 게 중요하죠. 농업, 환경에 대해
같은 가치관을 가진 온라인 커뮤니티나 포럼을 통해 정보를
공유하고 업데이트합니다. 외국에 있는 분도 많고 만나본 적 없는

팀원이나 농업 종사자가 함께 배우는
환경을 조성하는 댓푸드.

분도 많지만, 관심사가 비슷하고 같은 문제의식으로 활동하는
곳이라면 국가나 지역 상관없이 커뮤니티에 참가하고 있습니다.

▷ 　그렇게 얻는 정보는 팀 구성원이나 농업 종사자분들에게
　어떻게 공유하나요?

▶ 　예를 들어, 인터뷰에 함께한 리 님은 댓푸드에서 파트너십
및 고객지원 매니저로 일하고 있습니다. 동시에 환경과
자연농법에 관심 있는 사람들과 활발히 교류하고 있죠. 한편
농업기술을 담당하는 타오 님은 식량 생산에 관한 지식이 많아요.
인턴십을 통해 각자 관심 분야의 지식과 기술을 스스로 익히고,
그렇게 얻는 정보를 공유하고 있습니다. 리 님이 농업기술에 대해
알고 싶을 때는 타오 님에게 물어보고, 반대의 경우에는 리 님이
타오 님에게 알려주고요. 이렇게 서로 배우고 가르치는 문화가
이제는 당연하게 자리잡았습니다.
이러한 관계는 팀에 국한된 이야기가 아니에요. 일반적인 식품
제조사에서는 농업 종사자가 단순한 원료 공급자에 지나지
않는다고 볼 수도 있어요. 하지만 우리는 농업 종사자들을 같은
비전과 가치관을 가진 내부고객(internal customer)으로 부르며,
함께 배움을 나누고 있습니다.

▷　멋진 학습 방법이네요. 팀 매니지먼트는 어떻게 하고
있는지 궁금합니다.

▶　구성원 각자가 자신이 일하는 방식을 정하고, 목표를
설정하도록 합니다. 각각의 구성원들이 어떤 경우에 가장
활기차고 행복한지 저희가 다 알 수는 없죠. 그래서 자신이 설정한
목표를 달성할 수 있으면서 다른 사람의 업무에 영향을 주지 않는
범위에서 스스로 가장 잘 맞다고 느끼는 시간과 장소에서 일하고
있어요. 일을 시작하는 시간도 컨디션이나 스케줄에 맞춰 5시,
7시, 9시 중 고를 수 있습니다. 예를 들어 리 님은 오전 5시부터
7시까지 집에서 일한 다음, 사무실로 출근하고 오후 5시에
퇴근하는 형태로 일합니다.

장기적 목표에 대해서도 마찬가지입니다. 아까 말씀드린 대로
구성원이 되기 전 '나는 어떤 사람인가?', '왜 댓푸드에서 일하고
싶은가?'에 대해 생각하는 시간을 가집니다. 이를 통해 저마다
댓푸드의 미션, 비전과 연결되는 개인의 장기 목표를 정하게
되죠. 이것이 저희가 생각하는 매니지먼트의 핵심입니다.

▷   롱 씨가 팀 구성원이나 농업 종사자에게 직접
     동기부여하거나 목표를 설정하는 경우는 없나요?

▶   농업 종사자분들을 위해 저희가 제공하는 프로그램도
있습니다. 다만 이 역시 농업 종사자 스스로 고객과 토양을 위해
농약 사용을 중단하고 지금까지와는 다른 방식으로 농업을
이어가겠다는 의지가 있는지가 중요하지요. 저희와 가치관이
같은지 확인하는 것이 가장 중요하다고 생각합니다. 지금 저희와
함께하는 농가들은 농약이 좋지 않다는 걸 누구보다 잘 알고
계셨어요. 농약을 살포하며 그대로 뒤집어쓰는 바람에 다음 날엔
움직이기도 힘든 경험을 했기 때문이죠. 다만 뭔가 바꿔야 한다고
생각해도 어떻게 하면 좋을지 함께 고민해주는 사람이 없었을
뿐입니다.
멤버들은 물론 농업 종사자분들도 이미 자신만의 동기가 있고
이를 어떻게 끌어올릴지도 사실 알고 있습니다. 저희가 하는
일은 댓푸드라는 공동체의 문 앞에서 이분들이 저희의 비전과
가치관에 공감하는지 살필 뿐이고요. 제가 대표를 맡았다고 해서
앞장서서 끌고 나가는 것이 아니라, 모두가 같은 가치관과 일하는
이유를 공유하며 다 함께 성장하고 있다고 생각합니다. 기존의
조직 매니지먼트 방식과는 다를 수 있지만, 저희는 이렇게 팀을

꾸려나가고 있습니다.

▷   이런 매니지먼트를 해야겠다고 생각하게 된 이유가
      무엇인가요?

▶   남에게 지시받는 걸 좋아할 사람은 없으니까요.
이래라저래라 지시받기보다는 스스로 정해서 행동하는 게
훨씬 더 좋다고 생각해요. 경영자도 사소한 것까지 통제하고
지시하기보다는 조직의 비전이나 가치관을 지키는 데 집중하는
게 더 바람직합니다. 그렇게 할 때 구성원들이 결단력 있게 행동할
수 있어요.
무언가 문제가 발생했을 때, 가장 적절한 의사결정자는 그 문제와
가장 가까이 있는 사람입니다. 그러니 문제 해결도 당사자 스스로
하는 게 맞죠. 저희는 어떤 문제가 있을 때 해당 사안에 영향받는
모든 사람을 모아 해결하고 있어요. 저는 이걸 소셜 워커로 일했을
때 많이 배웠습니다.
모두가 같은 목표를 공유하고 운영하는, 누군가에게 컨트롤되지
않는 조직이 많지는 않습니다. 하지만 갈수록 개인의 생활이 더
중요해지고 있어요. 이런 문화를 가진 조직이라면 더 많은 사람이
자기 행복을 추구하면서 살아갈 수 있지 않을까요?

먹는 사람도 만드는 사람도 건강하게

▷ 모두가 행복할 수 있는 이상적인 조직이네요. 지금
댓푸드는 어떤 단계에 있다고 보면 될까요?

▶ 댓푸드는 2024년에 창립 7년 차에 접어들었습니다.
창업하고 3년 동안은 같은 가치관을 가진 동료들을 모으고
팀을 만드는 데 집중했지요. 2022년에는 농약과 화학비료에
의존하는 기존의 농법에서 벗어나 자연농법으로 전환하도록
지원하는 밸류체인 구축을 완성하고자 했습니다. 농업기술부터
재배계획과 수확을 지원하며 부가가치가 높은 상품을 개발하고
시장에 유통하는, 밭에서 상점까지 이어지는 일련의 흐름을
구축한 것이죠. 한편, 땅콩이나 캐슈넛뿐 아니라 옥수수나 참깨
같은 작물도 재배하기 시작했습니다. 땅의 지력을 보전하기
위해서는 여러 작물을 혼작하는 게 중요하거든요. 이러한
밸류체인은 우리의 첫 R&D라고 할 수 있어요. 이를 통해 생산도
더욱 효율화할 수 있고, 장차 베트남의 많은 농가에 자신 있게
유기재배와 자연농법을 권하게 되리라 믿습니다.

▷ 사업을 진행하는 데 어려움은 없나요?

맷푸드는 사람들이 자녀들에게
농업을 권하는 세상을 꿈꾼다.

▶   저희가 주로 만나는 농업 종사자분들은 50대 이상이
많아요. 그래서 스마트폰이나 IT 기술 활용을 아무래도
어려워하시죠. 이런 부분이 사업을 진행하는 데 종종 장벽이
됩니다. 글로벌 농업기술은 급속하게 발전하고 있는데 이를
따라가기가 어려워요. 그래서 저희가 그사이에 서서 농업
종사자분들과 소통하며 새로운 기술을 도입하고 함께 문제를
해결하고 있습니다. IT 기술에 익숙한 댓푸드의 젊은 팀원들이
농업 종사자분들과 소통하며, 농작물의 재배 과정을 하나하나
기록하고 데이터화하고 있어요. 가까운 미래에는 농업
종사자분들이 직접 이를 활용할 수 있도록 IT 지식을 향상하는
방안을 고심하고 있습니다.

▷   같은 가치관을 가진 동료라는 인식이 있어서 다양한 지원도
     할 수 있겠네요. 지금 댓푸드가 하는 일을 통해 어떤 미래가
     만들어지길 바라시나요?

▶   지금까지 베트남 각지에 계신 농업 종사자분들을
만나왔어요. 이분들에게 가장 많이 들은 이야기가 "내 자식들은
농사 말고 다른 일을 했으면 좋겠다"라는 것입니다. 슬펐어요.
농업 종사자들이 이렇게 느끼고 있다면, 앞으로 이 나라의

먹을거리는 누가 만들까요? 저희는 농업 종사자들이 정당한 수입을 얻어, 도시로 떠난 자녀들에게 떳떳하게 "고향으로 돌아와 같이 농사를 짓자"라고 권할 수 있는 날이 오기를 바랍니다. 이 소망이 저에게도, 다른 멤버들에게도 그리고 함께하는 농업 종사자분들에게도 큰 동기부여가 되고 있습니다.

댓푸드는 아직 한참 작은 회사입니다. 앞으로도 큰 회사가 될지 아직은 잘 모르겠습니다. 다만 확실한 것은 댓푸드와 함께하는 모든 분이 지금도 앞으로도 매 순간(Every Minute Happy) 행복할 수 있도록 항상 최선을 다할 것이라는 점입니다.

댓푸드는 매 순간 모두가
행복한 조직을 추구한다.

사회주의와 시장경제의
사각지대에 뿌리내린
베트남의 젊은 창업자들

팜키외오안(Pham Kieu Oanh), CSIP 창업자

저는 대학을 졸업하고 베트남의 사회적 과제를 해결하기 위해 노력하는 사회적 기업가(social entrepreneur)들을 지원하는 CSIP라는 기업을 시작했습니다. 600만 명에 이르는 베트남 장애인들의 일자리를 창출하는 기업이나, 53개나 되는 소수민족 출신 경영자들을 지원하는 등 다양한 활동을 해왔죠. 댓푸드도 지원하고 싶지만, 기업 규모가 작아서 아직 저희의 지원 대상이 되지 못한 것을 안타깝게 생각하고 있습니다.

비록 직접 지원하지는 못하고 있지만, 사회적 기업가 중에서도

댓푸드에 특히 큰 기대를 하고 있습니다. 그들이 지원하는 농업 종사자들은 베트남 노동인구의 절반 가까이 차지하는 중요한 존재입니다. 농촌 인구가 절대다수인 베트남에서 댓푸드 같은 기업이야말로 큰 사회적 반향을 일으키리라 생각합니다. 댓푸드의 팀원들과 대화하면서 이들이 공동체와 조직 내부의 신뢰를 키우는 데 열심이라는 것을 알고 크게 감동했습니다. 댓푸드는 아직 작은 조직이지만 시간을 들여 자신을 이해하고, 같이 일하는 사람들을 이해하며 비즈니스를 합니다. 사람을 중시하는 철학에 기반해 누구와 일하는지를 중요하게 생각하고, 함께하는 사람들에게 맞춘 프로그램을 기획하죠. 말 그대로 사람들이 만들어내는 공동체이자 사람을 중심으로 한 모델이라고 생각합니다. 각각의 구성원이 서로 존중하고 존중받으며 사업을 추진하는 지금 모습 그대로, 이 균형을 잘 지켜내면서 작은 조직에서 점점 확장해나가는 모습을 기대하고 있습니다.

사회주의공화국인 베트남에 시장경제가 도입된 건 도이머이 정책(베트남의 개방·개혁 정책)이 추진된 1980년대 후반부터였습니다. 100년 넘게 자본주의가 자리잡은 선진국과는 상황이 아주 다르죠. 저희 세대가 베트남 자본주의 경제의

1세대라 할 수 있습니다. 아직 초창기이기 때문일까요? 사회적 과제는 정부가 해결할 문제라는 인식이 여전히 널리 퍼져 있어요. 그러나 정부가 효율적으로 해결하지 못하거나 조직구조나 자금 부족 같은 이유로 지원이 뒷전으로 밀리는 경우가 많죠. 저희가 지원하는 사회적 기업엔 많은 돈이 필요하지만 이런 이유로 좀처럼 돈이 모이지 않는 게 현실입니다. 베트남에도 공유 문화가 있지만 자선 문화는 아직 자리잡지 못했습니다. 거듭된 전쟁의 여파로 먹고사는 문제는 스스로 책임져야 한다는 분위기가 강하죠. 그렇기에 사업을 통해 공동체를 지원하는 댓푸드의 존재가 더욱 소중합니다.

먹는 사람은 물을 만드는 사람도
건강한 구조를 만들어 나간다.

우리는 무엇을 할 때 행복한가?

우치다 구성원 각자의 생각을 확인하는 프로세스가 확립되어 있는
것이 특별하게 느껴졌습니다.

에토 더구나 그 프로세스가 조직에서 일을 시작하는
첫걸음이잖아요. 일반적으로는 개인의 스펙이 직무에
적합한지, 급여는 어떤지 같은 '조건'을 가장 먼저 따지는데
말이죠. 댓푸드에서 개인의 목표와 조직의 목표가
일치하는지를 얼마나 중요하게 여기는지 알 수 있었어요.

스즈키	목표와 그 목표에 다가가기 위한 행동을 공유하는, 일종의 동지와도 같은 관계라고 느꼈습니다. 개인의 의지가 기반이 되니, '경영자가 딱히 뭘 하려 하지 않아도 괜찮다, 그냥 공동체의 문지기와 같은 존재로 남을 수 있으면 그것으로 족하다'라는 관점이 나올 수 있고요. 이 점이 특히 인상 깊더군요. 덕분에 경험이 적은 구성원도 자발적으로 배울 수 있는 환경이 만들어질 수 있었다고 생각합니다.
다무라	인터넷에서 지식을 얻고, 공동체 안에서 서로 배우는 하이브리드 방식이 실천되는 모습이 인상 깊었습니다. '이것이 이 시대의 학습 모델이구나'라고 생각했죠.
기모토	개인의 꿈이나 행복에 초점을 맞추고 회사는 그것을 지원한다는 가치관은, 저를 비롯한 20대들이 특히 환영할 거라 생각합니다. 소소한 행복을 자주 느끼고자 하는 '소확행' 열풍도 있고, 자신에게 맞는 시간대에 일하고 싶다는 말도 많이 하니까요.
에토	댓푸드에서는 개인의 목표를 조직의 목표에 무리하게 맞추려고도 하지 않았습니다.

이노우에   조직 차원에서는 농업 종사자들의 임파워먼트를 실현하고자 하고요. 농업 종사자들은 농산물을 생산하는 중요한 역할을 맡고 있음에도 충분한 수입을 얻지 못하고 있었습니다. 이런 사회구조부터 바꿔나가기 위해 댓푸드는 농업 종사자들과 중상류층 고객을 잇는 역할을 하고 있어요.

우치다   시스템상의 중요한 포인트를 발견했네요. 현재 베트남에서 가장 어려운 처지에 놓여 있는 건 인구의 대다수를 차지하는 농업 종사자들이죠. 댓푸드는 스스로 해결하기 이려운 그들의 상황을 변화시키겠다는 청사진을 그리고 있습니다.

기모토   농업 종사자들과 함께 일하는 방식도 인상적이었어요. 농약을 쓰지 않으면 좋겠다는 농업 종사자들의 니즈에 대해, "모두 지속 가능성을 위해 노력해야 한다"라고 거창하게 외치기보다 "자연농법으로도 지금보다 더 벌 수 있어요"라고 전달하는 방식이 뛰어났죠. 작고 현실적으로 시작해도 괜찮다는 걸 다시금 느꼈습니다.

우치다   론 씨가 소셜 워커로 일했던 경험도 잘 살리고 있어요. 복지 영역에서 활동하며 축적한 경험치는 앞으로 여러 분야에서 귀중하게 쓰일 수 있으리라 생각합니다. 또한, 한 사람

한 사람의 행복과 거대한 구조변화를 동시에 꾀하는
모습이 인상 깊었습니다. 모든 사람의 생활기반 안정과
환경적인 지속 가능성의 양립을 추구하는 '도넛 경제학'이
떠오르더군요.

미우라   저는 여기서 판매자, 구매자, 사회에 모두 좋은
산포요시(三方よし, 일본 오우미 상인의 경영철학 중 하나) 정신을
보았습니다. 이는 크게 벌려고 하지 않고 개인이 행복하다면
그것으로도 좋다는 가치관에서 비롯된 것 아닐까요?
댓푸드의 구성원들은 지나치게 욕심부리지 않고, 그들만의
풍요로움을 지니고 있었습니다.

야마시타   경제적 이익만 생각한다면 프랜차이즈 스타일로 사업을
전개하는 게 빠르겠지요. 하지만 배움을 나누는 공동체를
지향하기에 새로운 방식이나 비즈니스가 생겨날 여지가 있는
것이겠죠.

다무라   토착성(vernacular)에 현대의 디지털 커뮤니티의 힘이
더해지면서, 아시아의 로컬 벤처가 생겨난다는 사실이
신선했습니다.

"모두 지속 가능성을 위해 노력해야 한다"라고
거창하게 외치기보다,
작고 현실적으로 시작해도 괜찮다고 느꼈습니다.

Shop
Kirana

물류로

삶
의

질을

끌
어
올
리
다

수밋 고라와트 Sumit Ghorawat | 공동창업자, 사업개발

1987년생. 인도 라자스탄 주 출신. 비를라공과대학 필라니-두바이캠퍼스를 졸업하고 카네기멜론대학교를 수료했다. P&G 등을 거쳐 2015년 인도 중소도시인 인도르시에서 샵키라나를 창업했다.

타누테자스 사라스와트 Tanutejas Saraswat
| 공동창업자, 마케팅, 성장전략

비카네르대학교를 졸업했고 샵키라나 창업에 함께했다.

디팩 다노티야 Deepak Dhanotiya | 공동창업자, 공급망 개발, 운영

SGSITS를 졸업하고 국립 비즈니스스쿨을 수료했다. P&G 등을 거쳐 샵키라나 창업에 함께했다.

샵키라나

청년 3명이 힘을 합쳐 2015년 말에 설립했다. 키라나스토어를 운영하는 점주들의 발주 및 재고관리를 돕는 것에서 시작해 2021년에는 인도 8개 도시에서 약 5만 개의 키라나스토어를 지원하고 있다. 식품, 의류 등 PB 사업에도 주력하고 있다.

뭄바이, 뉴델리 등 인구 400만 명이 넘는 Tier1 도시(인도에서는 가장 발달한 도시를 Tier1으로 분류한다)에 비해 인도르는 Tier2 도시로 여겨진다. 샵키라나는 이들 중소도시의 가능성을 내다보고 지금도 인도르에 본사를 두고 있다.

구성원	500명
자본금	약 40억 루피(약 600억 원)
창업년도	2015년
본사 소재지	인도 인도르시
홈페이지	https://www.shopkirana.com/

"인도는 인구가 13억 명이 넘지만,
그에 비해 대형 상업시설은 턱없이 부족합니다.
작은 동네 가게가 대부분
가정의 생필품을 책임지고 있죠."

공급망을 혁신하여 소매점주의 고충을 해소한 샵키라나.

저소득층부터 중산층까지, 모든 이의 일상에
키라나스토어는 없어서는 안 되는 존재다.

저소득층부터 중산층까지,
모두의 일상에 필요한 가게

13억 명이 넘는 인구를 자랑하는 인도. IT를 비롯해 다양한 분야에서 존재감을 드러내고 있지만, 인구에 비하면 아직도 대형 상업시설은 턱없이 부족한 상황입니다. 키라나스토어라는 작은 구멍가게가 여전히 소매시장의 90% 이상을 차지하고 있죠. 여러 물건이 잔뜩 쌓인 상점 내부에는 일회용 소포장 샴푸 꾸러미가 장식처럼 여기저기 걸려 있습니다. 장식을 위한 용도는 아니고, 샴푸 한 통을 살 수 없는 이들이 당장 필요한 양만 사기 때문입니다. 인도에서는 전체 샴푸의 80% 정도가 이러한 소포장 형태로 판매됩니다.

하루하루 살아가는 저소득층 가정부터 폭발적으로 늘어나는
중산층 가정까지, 다양한 사람들의 생활에 키라나스토어는
없어서는 안 되는 존재입니다. 키라나스토어는 얼핏 편의점처럼
보이지만 프랜차이즈로 운영되는 가게가 아닙니다. 식료품부터
잡화, 의류까지 생활에 필요한 여러 물건을 각자 다른 거래처에서
받아옵니다. 거래처 영업사원들도 정기적으로 방문하는 게
아니라서, 공급이 부족한 물건을 주문해도 오지 않을 때가
많죠. 그래서 좁은 가게에 많은 재고를 쌓아둔 채 장사할 수밖에
없습니다. 이런 키라나스토어의 발주와 재고관리 업무는 말
그대로 '혼돈의 도가니'라 할 수 있습니다.

2015년 창업한 샵키라나는 이러한 어려움을 겪고 있는
소매점주를 지원하기 위해 공급망을 혁신하고 있는 B2B 플랫폼
기업입니다. 스마트폰 앱이나 PC로 필요한 물품을 주문하면
48시간 이내에 납품받을 수 있죠. 적절한 가격에 필요한 만큼
그때그때 물건을 받을 수 있으니 가게에 마구 쌓아두던 재고도
줄고, 낭비되던 시간과 관리 자원을 절약할 수 있게 되었습니다.
인도르시에서 시작해 8개 도시로 서비스를 확대해 현재 약 5만

개의 키라나스토어가 이 서비스를 이용합니다.

공동창업자인 수밋 씨에게 왜 하필 소매점을 지원하는

비즈니스를 하게 되었는지 물어보았습니다.

"소매점주의 임파워먼트를 비전으로 삼아
강력한 커뮤니티를 구축하고 있습니다."

13억의 일상을 변화시키는
동네 구멍가게의 힘

▷ 인도 사람들의 일상을 함께하는 소매점(키라나스토어)의
   발주와 재고관리를 돕는 플랫폼으로 급성장하고
   있다는 점이 굉장히 흥미롭습니다. 인도 사람들에게
   키라나스토어는 어떤 곳인가요?

▶ 키라나스토어는 인도 전역에 900만 개 이상 영업 중인
소규모 개인 상점입니다. 식품이나 잡화 등 생활에 필요한
다양한 물건들을 취급하고 있죠. 인도에도 기업형 슈퍼마켓이나

편의점, 온라인 쇼핑몰이 있지만, 아직도 소매시장의 약 90%를 이런 소규모 상점이 차지하고 있습니다. 쌀이나 샴푸도 그날 사용할 양밖에 살 수 없는 저소득층이 많거든요. 그 밖에도 마을마다 고객마다 세세한 요구사항이 많아 기업형 슈퍼마켓들은 대응하기가 어려워요. 동네 이웃이기도 한 키라나스토어가 아니면 주민들의 생활을 세심하게 보살피는 건 불가능에 가깝습니다.

한편 인도 경제가 발전하면서 중산층이 늘어나고, 지금보다 더 풍족한 생활수준을 원하고 질 좋은 상품에 대한 욕구도 커졌습니다. 하지만 아직은 이러한 욕구를 채워줄 선택지가 부족한 상황이라, 중산층에도 가장 큰 영향력을 가지고 있는 건 역시 동네 상점인 키라나스토어입니다.

▷ 다양한 구매층에게 없어선 안 되는 인프라 같은 존재군요. 반대로, 상품을 판매하는 기업에는 키라나스토어가 어떤 존재인가요?

▶ 한마디로 SNS 인플루언서 같다고 할까요? 점포당 100~200세대, 약 500~2,000명의 생활을 책임지고 있어요. 일반소비재 기업에서는 개별 키라나스토어의 판매 동향을 파악할

수 있다면 자사 브랜드가 소비자에게 어떻게 받아들여지고 있는지 알 수 있어요. 그리고 키라나스토어 점주와 협력한다면 소비자들에게 자사 제품을 효과적으로 어필할 수도 있죠. 당연히 기업에도 큰 사업 기회가 되고요.

▷　　그렇다면 샵키라나는 키라나스토어를 경영하는 점주들의 어떤 문제를 해결하고 있나요?

▶　　키라나스토어는 주로 가족경영 체제로 운영되는데, 점주들에게 가장 어려운 과제는 번거롭고 복잡한 발주업무입니다. 수많은 상품을 발주하고 재고를 관리하는 건 정말이지 골치 아픈 일이죠. 각 제조사에서 일주일에 1번 정도 영업사원이 방문해서 주문 내용을 확인하고, 2~3일 뒤에야 상품을 받아볼 수 있다고 생각해보세요. 영업사원을 통해 발주해야 하는 경우가 대부분인데 상품마다 거래처가 모두 다르니, 상상 이상의 시간과 수고를 들여야 합니다. 샵키라나는 디지털 기술을 통해 이 과제를 해결하고 있습니다. 방대한 종류의 상품을 간단하게 주문할 수 있는 서비스를 제공해 공급망의 효율성을 높이고 있죠. 조금 더 자세히 말씀드리면, 다양한 종류의 상품을 단번에 주문하고 관리할 수 있는 디지털

플랫폼과 물류망을 구축하여 스마트폰 앱으로 발주한 상품을 24~48시간 안에 받아볼 수 있게 했습니다. 매입가격도 최대한 부담이 없고 결제 구조도 한결 단순해졌죠. 덕분에 키라나스토어 점주는 많은 시간과 노력을 아끼고, 상품이 언제 가게에 올지 걱정하지 않아도 됩니다. 가게 운영에 집중할 수 있게 된 것이죠.

▷　　키라나스토어를 처음 보았을 때, 가게 안을 가득 메운 물건들에 압도당하는 기분이었어요. 이 문제를 효율적으로 처리할 수 있다면 점주들에게는 정말 혁명과도 같은 변화겠어요!

▶　　사업을 시작했을 때부터 인도의 중산층이나 지방에 사는 분들의 생활수준을 향상시키고 싶었어요. 이를 위해 많은 사람의 생활을 지탱하고 있는 키라나스토어를 개선하는 게 무엇보다 중요하다고 생각했죠. 키라나스토어의 성장을 지원하고 더 많은 이익을 얻도록 하는 것, 바꿔 말하자면 점주의 임파워먼트를 회사의 비전으로 삼은 것도 그 이유에서였습니다. 그래서 키라나스토어 측에는 이용료를 일절 받지 않아요. 배송료도, 발주 수수료도, 앱 사용료도, 기술료도 받지 않죠. 대신에 키라나스토어에 납품하고자 하는 식품 제조사나 소비재

제조사에서 수익을 얻습니다.

또한 PB상품 개발과 제조에도 힘을 쏟아서, 인근 농가와도 긴밀히 연계하고 있습니다. 이익의 상당 부분을 농가 발전과 농업 종사자들의 의식 향상을 위해 쓰고 있어요. 그 외에도 각 지역에서 많은 고용을 창출하고 있고요. 전방위적으로 강력한 커뮤니티를 구축해서 마을 공동체 전체에 좋은 영향력을 전하고 응원하는 것이 저희가 이루고자 하는 바입니다.

▷ IT 업계를 보면 일부 기업이 시장을 독점하거나 과도한 영향력을 갖게 되는 경우가 종종 있는데요. 샵키라나가 제공하는 서비스가 앞으로 어떤 형태로 남기를 바라나요?

▶ 저희 비즈니스는 기존 유통채널을 뒤집는 서비스가 아닙니다. 고객에게 직접 상품을 전달하는 게 아니라 900만 개가 넘는 소매점을 돕는 B2B 비즈니스죠. 디지털 기술은 키라나스토어를 지원하는 수단이고, 저희 서비스가 키라나스토어를 배제하는 일은 앞으로도 없을 겁니다. 정부에서도 저희가 지금과 같은 접근방식으로 사업을 전개하기를 바라면서 많은 지원을 해주고 있어요. 저희는 이익이나 사회적 영향력을 독점하려는 기업들과는 출발점도 지향점도 다르다고 자부합니다.

"중산층부터 지방에 사는 분들까지
모두의 생활수준을 향상시키고 싶었어요.
마을 공동체 전체에 좋은 영향력을 전하는 것이
저희의 목표입니다."

▷ 키라나스토어를 통해 지역 공동체와 사회에 긍정적인
영향을 미치고 계신데요. 창업 이전에 수밋 씨가 어떤
경험을 해왔는지 듣고 싶습니다.

▶ 저는 인도와 두바이에서 화학공학을 전공했어요. 그
후 미국으로 건너가 석사학위를 취득했습니다. 다른 나라와
비교해도 인도 교육은 꽤 수준이 높고, 이론과 기초를 탄탄히
다질 수 있죠. 미국은 이를 실용적으로 활용하는 데 강점이
있다고 느꼈습니다. 인도와 미국, 각 나라의 장점을 적절히
조합하면 좋을 것 같아 유학을 결정했죠. 해외에서 취업하겠다는
생각보다는, 우선 질 좋은 교육을 받아 성장하고 싶다는 목적이 더
컸던 것 같아요.
더 이상 국경이 의미 없는 디지털 시대에, 우리는 온갖 정보를
손에 넣을 수 있습니다. 하지만 어떤 정보가 적합한지 판단하기란
쉽지 않아요. 미국에서 유학하는 동안 전 세계의 우수한
학생들과 함께 공부하면서 어떤 기술이 필요한지 판단하는 힘을
길렀습니다.

▷   미국에서 창업하는 선택지도 있었을 텐데, 왜 인도로
     돌아와 사업을 시작하셨나요?

▶   더 많은 기회를 추구했기 때문입니다.
카네기멜론대학교에서 창업가정신에 대해 배우고 스타트업
인큐베이터로 활동하면서 스타트업이나 새로운 아이디어가
어떻게 만들어지는지 알게 되었는데요. 그러면서 자연스럽게
제 비즈니스를 하고 싶다는 생각이 들었습니다. 석유 가스 관련
기업에서 인턴으로 일한 경험도 있고 가업과도 관련 있었지만,
석유 가스 분야에서 창업해 시장에 진입하는 건 거의 불가능에
가깝다고 생각했어요.
이후 많은 사람의 일상을 지켜주는 소비재에 관심이 생겼습니다.
그래서 이 업계의 구조를 이해하기 위해 소비재업계의
글로벌리더인 P&G에 입사했습니다. 이미 성숙한 선진국보다는
한참 성장 중인 개발도상국과 관련된 일을 하는 게 스스로 많은
기회가 있을 거라고 판단해 아시아 지역 담당으로 지원했죠.
인도를 비롯해 인도네시아, 필리핀, 베트남, 일본, 중국 등의
나라에서 기저귀 제품의 마케팅을 담당했습니다.
실제로 부딪쳐보니 역시 개발도상국에 많은 기회가 있으리라는
확신이 들더군요. 새로운 브랜드를 론칭하고 생산력을

제고하고 공장을 확보하는 등 다양한 기회를 잡아서 빠르게
배우고 성장하고 싶다면, 빠르게 성장하고 있는 나라가
정답이라고 생각했죠. 그래서 미국에서 배운 지식과 아이디어를
개발도상국인 인도에서 실천하기로 마음먹었습니다. 돌이켜봐도
잘한 선택이라고 생각해요(웃음).

▷　　지금과 같은 샵키라나의 비즈니스 모델은 어떻게
　　　만들어졌나요?

▶　　소비재를 다루는 업계에 있으면서 상품이 어떻게
유통되는지 배웠어요. 900만 개나 되는 키라나스토어가
다양한 계층의 생활을 지탱하고 있지만, 개인 상점과
소비재기업의 니즈가 너무 다르다는 걸 느꼈습니다. 양쪽이
원하는 바를 충족시킬 수 있다면 강력한 사회적 영향력은 물론
비즈니스로서도 큰 성장을 이룰 수 있다고 생각했습니다.
제가 오랜 시간 추구해온 것은, 일하는 20~30년 내내 지적
호기심을 잃지 않고 쉽게 포기하지 않을 수 있는 도전적인
업(業)이었습니다. 나아가 제가 세상을 떠난 뒤에도 사람들에게
도움이 되고 가치 있게 쓰일 수 있는 구조를 만들고 싶었죠.
그것이 샵키라나를 시작한 이유기도 합니다.

이 꿈을 실현하기 위해선 먼저 인도의 문화를 깊이 이해할 필요가 있었어요. 문화적 배경을 대충 생각했다가는 아무리 기술력이 뛰어나도 결국 실패하기 마련이니까요. 창업 초기에 저희는 거의 매일 키라나스토어 점주분들을 만나고 오랜 시간 함께하며 그들이 어떤 생각을 하는지 이해하려고 노력했습니다. 그들이 어떤 서비스와 상품을 원하는지 알기 위해, 지금도 많은 시간을 할애해 소통에 공을 들이고 있어요.

400년 기업을 만들기 위한 비전

▷   비즈니스를 확대하기 위해 구성원에게는 어떤 부분을
    강조하시나요?

▶   인도에 있는 수많은 키라나스토어를 지원하는 것이 우리가
일하는 이유라는 점을 강조합니다. 이러한 미션에 집중하며
인도인들의 생활수준을 향상하기 위해 일한다는 마음가짐으로
매일 임하고 있죠.

채용할 때는 2가지를 확인합니다.

첫째, 모르는 것도 배워나갈 의지가 있을 것.

둘째, 키라나스토어의 발전에 진심일 것.

입사 후 온보딩 과정에서도 첫 5일 동안은 이 내용만 철저하게 전달합니다. '5년 안에 이 업계를 장악해서 대박 나자' 같은 목표로 사업하는 게 아니라는 걸 이해해야 해요. 어떻게 하면 400년 후에도 사랑받는 기업이 될 것인가, 어떻게 하면 구성원 모두 같은 비전을 갖고 생각할 수 있는지가 훨씬 중요하죠. 이는 우리의 기본적인 가치관이자, 지침이 되는 원칙입니다. 이런 기본 토대만 제대로 자리잡혀 있다면, 실적이 한두 달 오르락내리락한다고 해서 큰 문제가 되지는 않을 거예요.

▷   일본에서는 사회공헌에 대한 관심이 높아지고 있는데,
    인도에서는 어떤가요? 특히 청년들과 관련된 비즈니스나
    가치관에 대해 알고 싶습니다.

▶   인도 청년들은 근면 성실하게 일합니다. 다만
사회공헌보다는 개인의 경제적 자립을 위해서가 더 크죠. 인도가 아직 개발도상국이기 때문이라고 해도 될지는 모르겠습니다. 모두가 자신의 보금자리를 마련하기 위해, 지금보다 풍요로운

삶을 살기 위해 필사적으로 노력합니다. 물론 그들도 나라 전체의 성장을 원하죠. 그리고 그 성장 스토리의 일부에 자신의 이야기가 포함되길 바라는 것이고요.

▷　가파르게 성장 중인 인도와 성숙사회에 접어든 일본은
　　사회공헌에 대한 생각도 여러 의미로 다를 수 있겠네요.
　　마지막으로 키라나스토어의 점주분들이 샵키라나 덕분에
　　절약한 시간에 어떤 일을 하길 바라나요?

▶　우선은 더 많은 돈을 벌어 안정적인 생활을 꾸렸으면
좋겠어요. 인도에서는 더 많은 돈을 벌어 더 좋은 라이프스타일을
실현하는 게 모두의 소망이니까요.
저희는 키라나스토어의 가장 큰 문제인 복잡한 발주 문제를
해결해 점포에서 재고관리가 가능하게 하는 데 주력해왔습니다.
하지만 키라나스토어가 안고 있는 문제는 이것만이 아니에요.
수많은 키라나스토어가 사업을 더 성장시키기 위해 어떻게 해야
할지, 어떻게 하면 더 효과적으로 판매해서 더 많은 이익을 낼 수
있을지와 같은 과제를 점주와 함께 고민하고 해결하는 존재로
남을 것입니다.

샴키라나는 소매점의 가장 큰 문제를 해결하고
함께 성장할 수 있는 법을 모색한다.

사회문제 해결과 비즈니스 성장을 동시에 추구하는 인도의 창업자들

무라카미 나오(村上矢), 인큐베이트 펀드 인디아 창업자

저희 인큐베이트 펀드 인디아는 샵키라나를 초기부터 꾸준히 지원하고 있습니다. 지금은 사업 규모가 많이 커졌지만, 처음에는 초라했다는 말 외에는 설명하기가 힘들 정도였어요. 섭씨 40도가 넘는 푹푹 찌는 창고에서 공동창업자 3명이 무급으로 일했지만 1년이 넘게 매출은 지지부진했습니다. 그런데도 '우리가 하지 않으면 아무도 하지 않는다'라는 강한 의지만으로 사업을 여기까지 키워온 저력이 정말 대단하다고 생각합니다.

사업이 성장한 배경에는 기술의 진화도 한몫합니다. 저희가
펀드를 조성한 게 2016년이었는데, 그해 인도 최대의 민간기업인
릴라이언스 인더스트리에서 데이터 통신료를 월 몇만 원에서
몇천 원 수준으로 대폭 낮추었어요. 그때부터 인도에서는 누구든
언제나 인터넷에 접속할 수 있게 되었죠. 또, 국민의 97%
이상이 디지털 ID 시스템인 아다르(Aadhaar)에 등록되어 있고,
이를 기반으로 한 API인 인디아 스택(India Stack, 인도 정부의
공개 응용프로그램 인터페이스)을 인도 정부가 개방했습니다.
이를 기반으로 다양한 서비스들이 개발되어 사업화가 빠르게
진행되었죠. 저도 이 시점 전후로 인도에서의 생활이 굉장히
편리해졌다고 체감하고 있습니다.

제가 이주한 2014년에도 이미 인도는 스타트업 열기가 대단했고,
여느 선진국과 비교해도 뒤지지 않는 투자 규모를 자랑했습니다.
큰 충격이었죠. 인도는 기술이나 서비스가 빠르게 진화 중이지만
정말 많은 사회문제를 안고 있으며 빈부격차도 큰 나라입니다.
그렇기에 사회문제를 해결하는 게 사업 확대로 이어질 수 있어요.
각종 서비스에 접근할 수 없었던 사람들을 어떻게 고객으로 만들
수 있을지에 대한 관점이 대단히 중요합니다. 일본처럼 이미
성숙사회에 접어든 나라에서는 당연한 것들이 인도에서는 방치된
경우가 많거든요. 여기에 큰 기회가 있고, 투자자 입장에서도

매력적이죠. 인생을 걸어본다면 인도가 정답이라고 생각했고, 지금도 이런 생각으로 인도에서 투자사업을 이어가고 있습니다. 인도에서 사회를 바꾸려 하는 기업가들이 계속해서 등장하는 건 국민성과도 관련 있다고 생각합니다. 모국에 대한 자부심으로 어떻게 하면 내 나라가 더 발전할지 생각하는 기업가들이 많아요. 일본에서는 아이들에게 "다른 사람들에게 민폐 끼치는 행동을 하지 마라"라고 가르치지요. 반면 인도에서는 "나도 누군가에게 폐를 끼치고 있을 테니, 만약 다른 사람이 너를 불편하게 하더라도 넓은 마음으로 용서하라"라고 가르친다고 합니다. 용서하는 걸 넘어 도와줘야 한다고도 말하죠. 이렇게 하지 않는다면 문화와 종교부터 언어나 먹는 음식까지 모두 다르고, 인구도 엄청나게 많은 이 사회가 유지되지 못했을 겁니다. 미국 실리콘밸리의 테크기업에 인도 출신 중간관리자가 많은 것도 다양한 사람들을 다루고 통합하는 능력이 뛰어나기 때문이라 생각합니다. 나와는 다른 사람이 있다는 사실을 당연하게 받아들일 수 있는 국민성이 큰 영향을 주지 않았을까요.

디지털 서비스가 바꾼 무라카미 가족의 하루

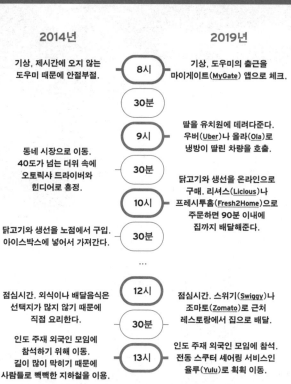

2014년   2019년

8시

기상, 제시간에 오지 않는
도우미 때문에 안절부절.

기상, 도우미의 출근을
마이게이트(MyGate) 앱으로 체크.

30분

9시

딸을 유치원에 데려다준다.
우버(Uber)나 올라(Ola)로
냉방이 딸린 차량을 호출.

동네 시장으로 이동.
40도가 넘는 더위 속에
오토릭샤 드라이버와
힌디어로 흥정.

30분

10시

닭고기와 생선을 온라인으로
구매. 리셔스(Licious)나
프레시투홈(Fresh2Home)으로
주문하면 90분 이내에
집까지 배달해준다.

닭고기와 생선을 노점에서 구입.
아이스박스에 넣어서 가져간다.

30분

...

12시

점심시간. 외식이나 배달음식은
선택지가 많지 않기 때문에
직접 요리한다.

점심시간. 스위기(Swiggy)나
조마토(Zomato)로 근처
레스토랑에서 집으로 배달.

30분

인도 주재 외국인 모임에
참석하기 위해 이동.
길이 많이 막히기 때문에
사람들로 빽빽한 지하철을 이용.

13시

인도 주재 외국인 모임에 참석.
전동 스쿠터 셰어링 서비스인
율루(Yulu)로 휙휙 이동.

...

집으로 돌아와 저녁 식사 준비.
생수와 채소가 떨어졌다는
사실을 깨닫고 근처
파파마마샵(Kirana)에서 장보기.

16시

집으로 돌아와 저녁 식사 준비.
생수와 채소가 떨어졌다는
사실을 깨닫고 온라인슈퍼마켓인
빅바스켓(BigBasket)에서 주문.

...

간신히 자유시간. 그렇지만
이미 지쳤고, 애초에 밤에
즐길거리도 딱히 없어서
외출하지 않고 집에서 시간을 보낸다.

19시

자유시간. 크래프트맥주
비라(BIRA)를 마실 수 있는
바에서 건배.

* 맥줄 친 서비스는 모두 몇 년 사이 등장했다.

900만 개나 되는 키라나스토어가
다양한 이들의 삶을 지탱하고 있다.

우리는 누구를 응원하고 싶은가?

가나모리   샵키라나의 비즈니스는 면밀히 설계되었습니다. 비즈니스
확대와 더 좋은 사회를 만들겠다는 의지가 잘 연결된 예시죠.

우치다   평소 우리가 '비즈니스와 소셜임팩트의 양립은
어렵다'고만 착각하고 있었던 게 아닌지 돌아보게 되는
좋은 계기였습니다. 베트남의 댓푸드가 공감형 팀빌딩을
중시했다면, 인도의 샵키라나는 좀 더 전략적인 접근방식을
취한다는 느낌을 받았어요.

스즈키 인도와 같은 개발도상국에서는 사람들의 BHN(Basic Human Needs)을 충족시킨다는 점에서 비즈니스와 소셜이 직결되기가 좀 더 용이하다고 생각합니다. 저도 비즈니스와 소셜은 양립할 수 없다고 혹은 피나는 노력이 있어야 간신히 양립할 수 있다고만 생각했습니다.

에토 서비스를 이용하는 키라나스토어의 점주에게서는 돈을 받지 않는다고 딱 잘라 말했죠. 그렇게 해도 비즈니스가 성립된다는 것이 인상적이었습니다. 샵키라나는 돈을 버는 것 자체보다는, 키라나스토어의 점주들을 지원하고 응원하는 데 중점을 두고 있다는 것을 단적으로 보여주는 예시라 생각합니다.

스즈키 해외 대형 유통체인으로부터 인도의 소매점을 어떻게 보호할 것인가 고민하는 정부의 정책 방향성과도 잘 맞는다고 생각해요.

에토 누구를 응원하고 싶은지에 대한 의식이 명확했습니다. 직접 지원하는 것은 키라나스토어 점주들이지만, 결과적으로는 특정 계층에 한정되지 않았죠. 인도의 마을 공동체 전체를 임파워먼트하는 걸 시야에 넣고 사업을 전개하고 있었습니다.

가나모리 저는 슈밋 씨의 커리어도 굉장히 흥미로웠어요. 베트남의
댓푸드도 그랬지만, 해외에서 경험을 쌓은 후 모국으로
돌아와 활동하고 있었죠. 새로운 가치를 만들어낸다는 점에서
내게 익숙하지 않은 다른 문화권에서의 교육이나 직무 경험도
중요한 요소가 아닐까 생각했습니다.

우치다 글로벌 시민이라는 표현도 있듯이, 슈밋 씨는 해외에서
최첨단 기술을 배우는 것도 어려워하지 않았고, 그렇다고
해서 해외가 최고라고 생각하지도 않았어요. 그냥
자신에게 좋은 기회를 찾아서 국내외 가리지 않고 넓게
바라보았습니다.

마츠마루 해외로 유학을 간 것도, 인도에서 창업을 결심한 것도, 모두
'좀 더 좋은 기회를 위해서'라고 말했죠.

가나모리 굉장히 인상 깊은 말이었어요. 또 구성원들이 비전에
공감하는 걸 중시한다는 점은 최근 영미권의 경영 트렌드와도
일맥상통한다고 보았습니다. 새로 채용된 구성원에 대한
온보딩 프로세스 등도 그랬고요.

우치다　100년 단위의 시간 축을 갖고 비즈니스를 바라보는 자세에도
　　　　　감명받았습니다.

마츠마루　다양성에 대한 관점도 일본과는 크게 달랐습니다.
　　　　　이문화(異文化)에 대해 '자신과 다른 하나의 동질적인 문화'로
　　　　　바라보는 게 아니라, '각기 다른 문화의 집합체'로 바라보죠.
　　　　　인도 사람들은 이 관점이 너무나 익숙한 듯했어요. 그래서
　　　　　개개인에게 다가가기보다 다양한 집합체에 다가가야 한다는
　　　　　발상이 생겨났을지도 모른다고 생각했습니다.

가나모리　집합체 관점에서 접근하는 건 생활수준에 대한 만족감이나
　　　　　안정감이 먼저 필요하기 때문 아닐까요? 경제적으로
　　　　　충족되지 않으면 '개인'이 드러나기 어렵다는 배경도 있을 것
　　　　　같고요.

> **누구를 응원하고 싶은지에 대한 의식이 명확했습니다.**
> **인도의 마을 공동체 전체를 임파워먼트하는 걸**
> **시야에 넣고 사업을 전개하고 있었습니다.**

3장

Taitung
Slow
Food
Festival

중앙과

변방의

이
분
법
을

깨
는

축제

소개

곽여진 郭麗津

대만 타이난시 출신. 국립정치대학을 졸업하고 국립대만대학대학원에서 수료 후 문화인류학을 전공했다. 정부 개발프로젝트를 계기로 타이둥에 방문하며 타이둥의 매력을 접했다. 18년 넘게 살아온 타이페이를 떠나 2013년 타이둥으로 이주해 진화당을 창업했다.

진화당 津和堂

대만 최고의 곡창지대로 유명한 타이둥현 츠상향에 있다. 타이둥 지역 개발에 초점을 맞추어 도시와 농촌 계획, 커뮤니티 구축, 전략개발, 연구개발, 소셜 디자인 사업 등을 진행하고 있다.

구성원	11명
자본금	500만 대만달러(약 2억 원)
창업년도	2013년
소재지	대만 타이둥시

타이둥 슬로푸드 페스티벌
2017년부터 타이둥시에서 개최하고 있는 식문화 축제. 매해 2~4회 개최되는 축제 이외에도 페이스북 커뮤니티(@SlowFoodTaitung)를 통해 타이둥 지역 식문화의 매력을 지속적으로 알리고 있다. 2021년 일본의 굿디자인 어워드에서 지역활동 부문 금상을 수상했다.

주 대만 원주민족
대륙에서 넘어온 이주민들이 늘어난 17세기 이전부터 대만 섬에 살고 있던 사람들을 총칭하는 단어. 현재 아미족을 비롯해 14개 민족이 대만 원주민족으로 인정되었다.

'대만의 뒤뜰'이라 불리는 동쪽 지방에서도
원주민이 많이 거주하기로 유명한 타이둥.

타이통현의 16개 마을, 9개 민족의 식문화가 펼쳐지는 슬로푸드 페스티벌.
타이통의 식탁에는 여유로운 삶의 지혜도 함께 담겨 있다.

지역과 함께 가꾸는
우리의 고유성

온대에서 열대로 이어지는 다양한 기후의 매력을 지닌 대만. 국토의 절반은 숲으로 덮인 가운데 해발 3,000m 이상의 산들이 남북으로 펼쳐집니다. 덕분에 서쪽과 동쪽은 각기 다른 매력을 자랑하죠. 타이페이, 타이중, 타이난, 가오슝 등 잘 알려진 도시가 있는 서쪽 지방과 달리, 평지가 적고 산맥이 가로지르는 동쪽 지방은 대규모 개발이 이뤄지지 않아 작은 도시가 많습니다. 산과 바다 등 자연에 둘러싸여 있어 '대만의 뒤뜰'이라고도 불리며, 고즈넉한 분위기 속에 느긋하게 시간을 보내기에 적합합니다.

동쪽 지방은 수려한 자연환경뿐 아니라 원주민이 많은 것으로도
유명한데요. 58만 명가량의 대만 원주민 중 상당수가 동쪽
지방에 살고 있습니다. 그중에서도 남동쪽에 있는 타이둥현은
원주민의 인구 비율이 가장 높은 지역으로, 인구의 약 3분의 1이
원주민이죠.

이렇게 자연과 전통문화가 풍부한 타이둥에서 2017년부터
타이둥 슬로푸드 페스티벌(台東慢食節)이 열리고 있습니다.
타이둥현 16개 마을, 9개 민족의 식문화가 펼쳐지는 이 축제는
연 2~4회 개최되며 계절별로 제철 식재료를 저마다 독특한
방식으로 요리한 음식을 즐길 수 있습니다. 단순히 음식을 즐기는
것을 넘어 식(食)에 대해 생각해볼 수 있는 워크숍도 개최하고,
방문객들이 식기류를 지참하도록 권장하는 등 환경과 공존할 수
있는 방식으로 축제를 진행합니다. 부스 참가자들도, 방문객들도
해마다 늘어나 지금은 130곳이 넘는 로컬 레스토랑과 5,000명이
넘는 방문객이 찾아올 정도로 사랑받는 축제로 거듭났습니다.
타이둥의 매력을 널리 알리고 있는 타이둥 슬로푸드 페스티벌의
초기 멤버가 진화당(津和党)의 곽여진(郭麗津) 씨입니다.
문화인류학을 전공한 그녀는 10여 년에 걸쳐 다양한 관점에서
타이둥 문화를 탐구해왔습니다. 타이둥에 정착해 이 지역의

다양한 사람들과 관계를 쌓아가며 문화를 재발견하고 기록하고 알려왔죠. 이런 노력이 국내외에서 주목받으며 2021년에는 일본 굿디자인 어워드의 지역활동 부문에서 금상을 수상하기도 했습니다.

타이난에서 태어나 타이페이에서 학창 시절을 보낸 여진 씨가 어떤 계기로 타이둥으로 건너와 활동하게 되었는지, 어떻게 지역문화에 관심을 가지고 탐구하게 되었는지 이야기를 나누어 보았습니다.

삶의 행복지수를
높이는 프로젝트

▷   매년 수차례 열리는 페스티벌을 즐기러 대만 전역에서
    방문객들이 찾아온다고 들었습니다. 지역산업을 지원하는
    것뿐 아니라 문화인류학을 배경으로 지역문화를 탐구하는
    프로젝트라고 들었는데요. 현대를 살아가는 사람들이
    어떻게 하면 일상에서 지역문화를 접하며 살아갈 수
    있을지, 여진 씨의 이야기를 들으면서 힌트를 얻고
    싶었습니다. 우선, 타이난 출신의 여진 씨가 타이둥으로
    이주해 활동하게 된 계기를 알려주시겠어요?

▶   2012년에 회사에서 추진한 타이완 동부 개발 프로젝트에
참가하면서 타이둥과의 인연이 시작되었습니다. 대도시가 많은
서쪽 지방과 달리 동쪽 지방은 경제적 발전이 뒤처져 있어서
정부 주도로 도시개발을 검토하고 있었습니다. 특정 지역에
자본을 집중 투하해 산업 특구, IT 특구를 조성하는 대규모
개발사업이었죠.
그런데 프로젝트 대상 지역이었던 화롄(花蓮)현과 타이둥현을
조사해보니 농장이나 오래된 식당 등 지역에서 오랜 기간
뿌리내린 작은 산업이 많다는 걸 알게 되었습니다. 이 지역에서
오랫동안 이어져온 축제나 신앙, 의식주에 기반한 산업을
성장시켜 나간다면 타이둥만의 매력을 지닌 거대한 컬처파크가
될 수 있겠다고 생각했죠.

▷   대규모 개발 프로젝트 때문에 타이둥에 갔는데, 그곳에서
     전혀 다른 매력을 접하셨군요.

▶   네, 맞아요. 2013년에 다니던 직장을 그만두고 곧장
타이둥에 와서 살기로 한 건, 한마디로 말해 연(緣)이었다고
하는 게 맞을 것 같아요. 일상의 속도가 도시와는 달리 느릿해서
평온하고, 친절하고 좋은 사람이 많아 살기 좋겠다 싶었죠.

앞으로 살아갈 인생을 생각하면 타이둥이 저에게 알맞은
선택지라고 느꼈습니다.
이듬해에 진화당을 설립하고 문화인류학적 필드워크를
이어가면서, 지역 주민들과 함께 타이둥이 타이둥답게 발전할
방안을 찾기 위한 활동을 시작했어요. 2012년에 '산지의
식탁'이라는 이벤트를 개최했고, 2017년부터는 '타이둥 슬로푸드
페스티벌'이라는 이름으로 지금까지 이어오고 있습니다.

▷   오랜 탐구를 통해 타이둥의 가능성을 많이 발견했을 텐데,
      그중에서도 하필 식문화를 고른 이유가 있나요?

▶   대만 각지에서 타이둥으로 여행 오는 사람이 많아지면서
타이둥의 식문화와 주거문화가 주목받기 시작했어요. 예전부터
타이둥은 곡창지대로 1차산업이 발전한 곳이기도 하고요. 이런
이유로 자연스레 타이둥이 가진 식문화의 커다란 잠재력을
느꼈고 전략적으로 선택하게 되었습니다.
개인적으로는 타이둥은 타이난보다 맛있는 게 별로 없다고
생각했지만(웃음), 살아보니 일상적으로 식탁에 오르는 가정식에
타이둥만의 매력이 있다는 걸 깨달았어요. 어쩌면 맛있는 걸 먹고
싶다는 제 마음이 출발점이었을지도 모르겠네요. 타이둥에서

슬로푸드 활동을 하는 것은 제 인생의 퀄리티를 높이기 위한
것이기도 해서, 주변 동료들과는 이 활동을 '행복 프로젝트'라고
부르고 있어요. 무엇보다도 타이둥은 시간이 여유롭게 흐르는
곳이어서 슬로푸드라는 개념을 몸소 느낄 수 있기도 하고요.

슬로푸드가 진화시킨 타이둥다움

▷   슬로푸드 운동은 이탈리아에서 시작되었다고 들었습니다.
   여진 씨가 추구하는 슬로푸드 운동은 이탈리아의 그것과
   어떤 차이가 있나요?

▶   그대로 답습하는 것이 아니라 본질적인 부분을 가져오되,
타이둥에 맞도록 지역화하고 있습니다. 협업을 중시하는 관점을
예로 들 수 있겠네요. 슬로푸드 운동은 1980년대 이탈리아에서
전통적인 식문화나 농업이 사라지는 것에 위기를 느껴 시작된
운동이지만, 타이둥에서는 너무 무거운 주제로 꾸리기보다
다양한 사람이나 문화가 교류하는 데 중점을 두고 있어요.

시간이 여유롭게 흐르는 이곳 타이둥에서는
'슬로푸드'라는 개념을 몸으로 느낄 수 있다.

사람의 감정을 풍부하게 하는 풍경과 다양한 식재료를 살려서
모두가 공생하며 살아갈 수 있도록 하자는 의도가 강하죠.
또 하나의 특징으로는 '플라스틱 제로'를 실천한다는 점을
들 수 있겠네요. 페스티벌을 시작했을 때, 경악스러울 정도로
많은 양의 쓰레기가 나오는 걸 보고 대책을 세워야겠다고
생각했어요. 쓰레기 처리시설이 부족한 타이둥에서는 특히나
심각한 문제거든요.

▷　　플라스틱 제로를 위해 구체적으로 어떤 대책을 세우고
　　　있나요?

▶　　용기를 플라스틱에서 종이로 바꾸는 방법도 있었지만,
요리를 월도(月桃) 잎에 제공하는 방법을 택했습니다. 대만에는
13종류나 되는 월도가 있는데, 그중에서도 타이둥에 자생하는
월도잎은 두툼해서 그릇으로 적합해요. 환경보호나 플라스틱
제로를 전면에 내세우기보다, 타이둥스러움에 파고들었습니다.
예를 들어 좁쌀이 주재료인 포농족의 전통 요리는 원래 큰 냄비에
담긴 음식을 둘러앉아 함께 먹는 게 일반적인데요. 페스티벌을
통해 월도 잎에 싸서 조금씩 먹는 스타일로 새롭게 태어났어요.
지금은 포농족이 운영하는 식당에서도 이런 식으로 제공하고

있습니다.

▷   타이둥이 가진 맥락을 반영해 슬로푸드 운동을 실천하는
     게 느껴지네요. 타지역에서 온 여진 씨가 어떻게
     타이둥스러움을 찾을 수 있었나요?

▶   매년 테마를 정해서 3개월 동안 현장 연구를 해요. 발효
식품을 주제로 정했다면 타이둥의 발효 문화에 대해 다 같이
공부하죠. 타이둥의 일상에서 우연히 발견하는 것이 많고,
당연하다고 여겼던 걸 새롭게 인식하는 게 재미있어요.
현장 연구를 오랫동안 해왔지만, 끝이 없는 것 같습니다.

▷   뾰족한 테마를 정하고, 발로 뛰며 연구한 덕에 결과물에도
     깊은 맛이 배어나는 것 같네요. 조사는 혼자서
     진행하시나요?

▶   저를 포함해 4명의 구성원을 중심으로 진행하고 있습니다.
생명과학, 언어학, 광고, 미디어 등 전공도 제각각인데, 다들
새로운 것에 대한 호기심이 왕성하죠. 그리고 타이둥으로 I턴(도시
토박이가 농촌으로 이주하는 현상), U턴(도시 거주민이 고향으로

월도 잎을 그릇으로 사용해 자연스럽게
타이틀스러움과 환경을 살린다.

돌아가는 현상)해온 동료도 있습니다. 우리가 타이둥에 대해 알기 위해 진심으로 노력했다는 것을 이제 지역 주민들도 알아주세요. "이전에 궁금했다고 한 거, 저분한테 물어보면 될 거야"라며 함께 탐구에 나서기도 합니다.

▷　　지역 기반의 리서치망을 구축해오신 거네요. 민족마다
　　　금기 사항이나 관습도 있을 것 같은데, 이런 부분은 어떻게
　　　대처하시나요?

▶　　기본적으로 열린 마음을 가진 분이 많지만, 깊이 파고들기 힘든 부분도 물론 있어요. 예를 들어 민족마다 술을 빚는 문화가 다른데 신성한 영역이라 조심스럽기도 하고, 샤머니즘처럼 무당들만 아는 문화는 조사하기가 쉽지 않죠. 어린아이 같은 호기심으로 배우고 싶다는 진심을 전하면서도, 상대방과 그들의 문화를 존중하는 마음의 균형을 지키는 게 가장 중요하다고 생각해요.
그리고 유머 감각도 상상 이상으로 중요합니다. 원주민분들과 이야기하다 보면 기상천외한 아이디어가 나오곤 하는데요. 이를 센스 있게 받아들이고 페스티벌에 잘 녹여내기 위해 항상 신경 쓰고 있어요.

열린 커뮤니티가 문화를 확장한다

▷   식문화뿐 아니라 지역의 사상이나 종교 등을 포함한
    타이둥의 전반적인 문화를 계승하는 활동이라고 볼 수
    있겠네요.

▶   네, 그래서 부스 참가자분들에게 방문객과 적극적으로
교류하도록 부탁드리고 있어요. 다들 타이둥에 대해 이것저것
알려주고 싶어 하는 분들이어서 친절하게 소통하고 있죠.
SNS에도 다양한 정보를 공유하고, 매회 테마와 관련하여 조사한
내용을 정리한 책자, 여러 가게가 발전한 기록을 담은 책자를
제작하고 있어요. 앞으로는 상설 전시나 판매 공간도 열어서
지역 주민이나 방문객들과 일상적인 관계를 만들어가고
싶습니다.

▷   페스티벌을 계기로 지속적인 관심을 유도하는 구조를
    만들고 계시군요. 페스티벌에는 원주민분들만 출점할 수
    있는 건가요?

▶ 아니요, 따로 제한은 두고 있지 않아요. 결과적으로는 그 선택이 슬로라이프 이념을 널리 알리는 데에도 도움이 되었어요. 타이둥에는 동남아시아나 영미권에서 온 주민들부터 서퍼들까지 다양한 사람들이 있다는 게 매력이니까요.

▷ 열린 공동체여서 각기 다른 배경을 가진 사람들이 어우러질 수 있겠네요. 페스티벌을 통해 부스 참가자나 방문객들에게는 어떤 변화가 있었나요?

▶ 부스 참가자들은 방문객들과 교류하면서 타이둥의 매력에 대해 더 많이 생각하게 되었어요. 덕분에 해를 거듭할수록 전통과 창작을 기반으로 타이둥의 매력을 만끽하게 하는 기획이 나오고 있죠. 페스티벌에서 다양한 체험을 한 방문객들이 SNS에 게시물을 올리면서, 타이둥을 향한 관심도 날로 커지고 있습니다. 원주민들에게도 예전에는 생각도 할 수 없었던 변화가 일어나고 있어요. 각 부족끼리 서로의 전통이나 문화를 배우는 네트워크도 생겼답니다. 정부에서도 이러한 움직임을 받아들여 슬로이코노미 정책을 추진하고 있죠. 덕분에 식문화뿐 아니라 관광, 숙박, 서비스업 등 다양한 분야에도 좋은 변화가 생기고 있습니다.

▷ 타이둥 안팎에서 다양한 교류가 생겨났네요. 2021년에는 타이페이에서도 타이둥 슬로푸드 페스티벌을 개최했다고 들었어요. 일본에서 열린 굿디자인 어워드에서 금상을 수상하셨고요.

▶ 타이페이에서 페스티벌을 개최하는 건 오래전부터 계획하고 있었어요. 하지만 정말로 실현할 수 있을지 반신반의했기 때문에 개최가 결정된 후 정말 기뻤습니다. 저희 멤버들도 지금까지의 고생을 인정받은 기분이었고, 함께하는 부스 참가자들에게도 큰 자신감을 주었죠. 이제는 일본, 이탈리아 등 해외에서도 슬로푸드 페스티벌을 개최하고 싶다고 다들 난리입니다(웃음).

산과 바다 말고는 아무것도 없는 깡촌, 과거에 사람들이 떠올리는 타이둥의 이미지는 이게 전부였어요. 10년 가까이 되는 시간을 통해 이런 이미지가 조금씩 바뀌었습니다. 10년 전에는 지역의 식문화를 통해 저희 삶이 이렇게 즐거워질 거라고는 상상도 못 했는데 말이죠.

축제를 매개로 식문화뿐 아니라
타이동의 전반적인 문화를 계승한다

▷　외부에서 기업과 자본을 유치하는 기존의 개발 논리가
아니라, 지역이 가진 자원을 바탕으로 발전을
이뤄오셨는데요. 앞으로는 식문화를 넘어 어떤 가치를
전달하고 싶으신가요?

▶　타이둥은 살기 좋은 곳이에요. 풍부한 자연 자원이 있고,
주민들도 생기가 넘치죠. 일과 삶의 균형을 유지할 수도 있고요.
물론 부동산 개발이나 젠트리피케이션에 대한 위기감도 없지는
않지만, 이에 맞서기보다는 시야를 좀 더 넓혀 이렇게도 살아갈 수
있다는 가능성을 제안하고 싶습니다.

▷　탈자본주의와 비슷한 뉘앙스로 들리는데요.

▶　탈자본주의까지는 아니지만, 지역이 가진 힘을 살려서
생활과 업(業)의 균형을 찾는 사고방식이라고 할 수 있겠네요.
가장 적은 비용으로 가장 많은 이익을 내는 것만이 판단 기준은
아니라는 겁니다. 임파워먼트 프로젝트의 경험을 통해 이러한

생각이 자리잡게 되었습니다.

▷   타이둥의 매력이 전국적으로 알려지다 보니 투자를 넘어
     투기에 가까운 세력도 호시탐탐 기회를 노리고 있을 것
     같은데요.

▶   타이둥에서 슬로푸드 페스티벌을 개최하면서 지자체나
기업에서 다양한 제안을 받았습니다. 감사한 일이기도 하지만
신중하게 대응해야겠다고 생각해요. 밀려드는 자본의 파도 앞에
저희도 순식간에 휩쓸려갈 수 있으니까요.

▷   예를 들어 어떤 일이 있었나요?

▶   몇 해 전 슬로푸드 페스티벌에서 활약해주신 원주민 요리사
한 분이 타이페이의 유명 레스토랑에서 개최하는 이벤트에
초대받았습니다. 그분은 타이둥 요리를 많은 사람에게 알릴 좋은
기회라는 생각에 들떠 있었죠. 그런데 뭔가 석연치 않은 느낌이
들어서 저와 스태프 1명이 사비로 현지에 동행했어요.
아니나 다를까, 각 민족의 요리를 쇼로 만들어서 사람들의 이목을
끌기 위한 기획이었죠. 전통과 문화라는 맥락을 깡그리 무시하고,

지역문화를 평론가들 앞에서 도시 기준으로 평가하는 건
문제가 있다고 생각해요. 실망한 그분과 이야기를 거듭 나누며,
지금까지 이어온 활동을 믿고 해나가면 된다는 결론이 나서
다행이었지만요.

▷   프로젝트의 틀을 넘어 그런 부분까지 생각하시는군요.

▶   이 일은 저희에게 경종을 울리는 사건이라 다큐멘터리
제작을 추진하고 있습니다. 잘잘못을 가린다기보다는 동료들과
공유하고 함께 토론하기 위해서요.

▷   여진 씨를 비롯한 진화당 구성원들은 원주민들이 고유한
문화를 언어화해서 계속 지켜갈 수 있도록 돕고 계시군요.

▶   돕는다기보다는 작곡가나 무대감독 같은 역할을 맡고
있다고 스스로 생각해요. 모두가 무대에 설 능력은 충분히
있지만, 거대 자본이 준비한 무대는 사람들의 혼을 담아내기
어렵죠. 이들이 있는 그대로 아름답게 무대에서 활약할 수
있도록, 상담사 역할로 남을 수 있기를 바랍니다.

타이둥에서 나고 자란
식재료와 식물로 꾸려진 식탁.

지역 주민과 함께
문화침략에 맞서는 사람들

야마자키 료(山崎亮):
간세이가쿠인대학 건축학부 교수, 커뮤니티 디자이너

타이둥에서 커뮤니티 디자인 강의를 한 적도 있어서,
예전부터 여진 씨나 통역을 해주시는 대개성(載開成) 씨와 가깝게
지내고 있습니다. 인터뷰를 통해 다시 한번 느낀 건, 제 커뮤니티
디자인 방식과 여진 씨의 방식은 접근 방법에서 큰 차이가 있다는
것입니다.

가장 큰 차이는 여진 씨를 포함한 진화당 멤버들은 저희와 달리
그 지역에 살고 있다는 것입니다. 또 하나 다른 점은,
문화인류학적인 관점에서 오랜 시간을 들여 사람들과 소통하며

확인하고 배우고, 이를 알기 쉽게 정리해 널리 소개하고 있다는 점이에요. 반대로 저희처럼 바람잡이로서 지역 과제를 지역 주민들이 해결하도록 돕는 커뮤니티 디자이너는, 극단적으로 말해 지역문화를 완전히 이해하는 게 불가능하고, 애초에 그럴 필요도 없다고 생각합니다.

커뮤니티 디자인을 하며 문화인류학적인 관점을 지니는 것이 어떤 의미인지 따로 정의된 것은 없죠. 그렇지만 저는 지역에 대한 문화침략을 막고자 여진 씨처럼 오랜 시간을 들여 노력하는 게 아닐까 생각합니다. 이런 점이 진화당의 활동을 더 매력적으로 느껴지게 합니다.

문화침략이라고 하니 뭔가 엄청난 얘기 같지만, 예컨대 일본에서 지방 사람들이 마음속에 도쿄를 가치평가의 기준으로 삼는 것 역시 일종의 문화침략이라 할 수 있습니다. 지역 주민들과 소통하면서 지역의 자원과 일상생활이 가지는 대단함을 발견하는 대신, 지역 활성화를 내세우며 그럴싸한 워크숍만 여는 게 전형적인 형태죠. 그래봐야 지역 주민들에게는 대기업이나 유명 프랜차이즈 유치 정도의 발상에 그치고 말 겁니다. 실제로 대형 자본은 오랜 시간에 걸쳐 미디어를 통해 문화침략을 시도해왔고요.

이러한 구조에 어떻게 대처하면 좋을지 생각하는 것이 바로 여진 씨의 문화인류학적 관점입니다. 타이페이에서 페스티벌을 개최해 큰 주목을 받고 굿디자인 어워드에서 수상하는 여러 전략도 활용하고 있지요. 이는 누군가의 인정을 받기 위해서가 아니라, 우리 지역에도 경쟁력 있는 자원이 존재한다는 걸 깨닫는 계기를 만들기 위함이라 할 수 있어요. 이 구조는 대만, 일본뿐 아니라 전 세계에 존재합니다. 앞으로 여진 씨의 경험이 문화침략을 '해독'한 사례로 세계에 알려졌으면 하는 바람입니다.

문화침략을 해독하려면 어떤 실천과 마음가짐이 필요할까요? 먼저 실천에서 중요한 건 대화, 협동, 융합이라고 생각합니다. 지역이 변화하려면 당사자들끼리 대화가 필요하죠. 물론 일상 대화나 업무 연락만으로는 지역에 스며든 문화침략을 눈치채거나 자기 문화에 자부심을 갖기 어려워요. 불가능에 가깝죠. 유의미한 대화를 위해서는 슬로푸드 페스티벌에 부스를 내는 것처럼 협업할 기회가 필요합니다.

여진 씨는 항상 지역 주민들과 융합되어 함께 고민하고 반성하며 프로젝트를 진행합니다. 자신이 리더인 것처럼 행동하면 자칫 또 다른 형태의 문화침략이 될 수 있으니까요. 항상 동등한 입장에서 '우리 지역은 이런 방향으로 가고 싶다'라고 자연스레 생각하게끔 함께 시행착오를 겪는 것, 그 과정이 반복되면서 문화침략을 해독할 수 있습니다.

마음가짐에서의 핵심은 애정, 겸허함, 그리고 변할 수 있다는 믿음입니다. 매일 얼굴을 보는 지역 주민들에 대한 애정이 없고, 지역에 대해 나는 아직 잘 모른다는 겸허함이 없다면, 외지인인 우리를 누구도 받아들이지 않을 겁니다. 또한 사람은 변할 수 있다는 믿음이 없으면 관계성이 이어질 수 없습니다. 여진 씨를 포함한 진화당 구성원들은 이를 잘 실천하고 있습니다. 저를 포함해 지역에 들어가 문화침략을 해독하고 싶은 사람이라면 이 점을 반드시 기억해야 합니다.

"지역의 식문화를 통해 저희 삶이 이렇게
즐거워질 거라고 상상도 못했어요."

어느새 우리도 자신감을
잃어가는 건 아닌가?

우치다   문화인류학자로서 연구를 하기 위해서라기보다, 여진 씨
         본인이 매일매일 기쁨을 느끼고 호기심을 해결하기 위해
         지금의 일을 시작했다는 게 흥미로웠습니다.

에토   맞아요. 계속해서 현장 연구를 이어갈 수 있는 건 타이둥을
         연구 장소로만 생각하는 것이 아니라, 자신이 살아가는
         터전으로 여기기 때문이라는 생각을 했어요.
         지역에서 이어져 내려온 문화를 발굴하면서도, 역사에

지나치게 얽매이기보다는 현대에 맞게끔 가치를 진화시키며
지속 가능한 타이둥의 발전 프로세스를 만드는 데 몰두해온
게 독특하죠.

카가　　SNS나 출판물 발행 등을 계기로 타이둥으로 I턴하거나
　　　　U턴하는 사람들도 많아졌습니다.

우치다　　타이둥의 슬로푸드 페스티벌이 참가하는 요리사들에게도
　　　　서로 배울 수 있는 장이 된다는 점이 특히 멋지네요. 진화당이
　　　　연구한 내용을 일방적으로 전달하는 이벤트가 아니라는
　　　　방증이죠.

스즈키　　페스티벌이 서로의 다름을 확인하는 장이 되면서, 역으로
　　　　자신의 존재를 명확하게 인지할 수 있게 되었어요. '우리는
　　　　이렇구나' 하는 새로운 의미를 얻게 된 거죠.

에토　　페스티벌을 통해 부스 참가자들이 자신감을 얻은 건
　　　　물론이고, 그 이후에도 각자 시행착오를 겪어가며 자신의
　　　　활동을 재정비하는 자율적인 순환이 시작되었습니다.

카가   한편 페스티벌 참가자들을 원주민으로 한정하지 않고 다양한
사람에게 커뮤니티를 개방한 덕분에 편하게 교류할 수 있는
협동의 한 형태가 생겨났다고 생각합니다.

스즈키   문화침략에 저항하는 방식도 독특하죠. 규모를 확대하고
이익을 늘리기보다 생활의 균형을 중요하게 여겨온 타이둥
본연의 가치관이 큰 역할을 했어요. 이렇게 보면, 여진 씨가
활동을 시작하고 동료들이 자연스럽게 모이며 성장한 기반이
타이둥이었던 것도 어찌 보면 당연한 것 아니었을까요?

에토   타이둥 사람들은 모두 긍정적이라고 여진 씨가 말한 것처럼,
자율과 협동의 균형을 이루는 사회가 성립되기 위해서는
프로세스뿐 아니라 지역성이나 주민들의 인품 같은 부분도
중요할 수 있겠네요.

스즈키   여진 씨의 활동이 타이둥에 머무르지 않고 다른 지역으로도
나아가야 한다는 야마자키 씨의 말에 공감했습니다.
경제지상주의를 극복하기 위한 대안적 가치를 타이둥에서
실현하고, 그 모습을 다른 곳에 제안하고 인정받음으로써
타이둥 사람들의 자기다움이 한층 더 단단해질 거라
생각합니다.

우치다   타이페이 유명 레스토랑의 해프닝 때도 원주민 셰프와
함께하면서, 어떤 경우에서든 깨달음을 얻는 기회로 삼는
행동력이 놀라웠어요. 혼자서만 고민하는 게 아니라 함께하는
활동의 의미를 만들고자 노력하는 것이죠.

카가   비교나 경쟁이 아니라, 있는 그대로의 모습으로 자율적인
사회활동을 하면서 가치를 만들어가는 것. 여진 씨는 조연을
자처하면서 누구보다 진심으로 돕고 있습니다.

에토   어쩌면 우리는 지역 단위뿐 아니라 개인이라는 단위에서도
자신감을 잃어버린 게 아닐까요? 개개인이 자신감을 잃게
하는 '중앙과 변방이라는 구조'에 나 자신이나 내가 속한
집단이 일조하고 있는 게 아닌지 돌아볼 필요가 있습니다.

> **페스티벌이 서로의 다름을 확인하는 장이 되면서,
> 역으로 자신의 존재를
> 명확하게 인지할 수 있게 되었습니다.**

Haenyeo
Kitchen

해녀의

문제에서
시작해

해
녀
의   삶을

알리다

김하원 | 창업자, CEO

고모부터 할머니, 증조할머니까지 모두 물질을 한 제주 해녀 집안 출신이다. 열여덟 살에 서울로 상경해 한국예술종합학교에서 연기를 전공했다. 고향에서 유학을 준비하던 중 해녀들이 채취한 해산물이 헐값에 팔리는 현실을 목도했다. 이를 계기로 고향에 정착해 해녀들의 삶과 어촌에 활기를 불어넣고자 해녀의 부엌을 창업했다.

해녀의 부엌

2019년 1월, 한때 생선 위판장이었던 창고를 해녀들의 공연이 열리는 무대로 재탄생시켜 문을 열었다. 해녀들의 삶을 담은 공연에 해녀들이 채취한 해산물로 만든 식사를 제공하는 극장식 레스토랑이다. 80대 해녀부터 청년 예술인까지 '부어커'라는 이름으로 조화롭게 일한다. 2021년에는 문화체육관광부에서 신설한 올해의 관광벤처 ESG 최우수 기업에 선정됐다. 현재 해녀의 부엌 북촌점까지 2곳을 운영 중이다.

구성원	24명(2022년 기준)
창업년도	2019년
본사 소재지	제주도 제주시
홈페이지	https://haenyeokitchen.com/

해녀의 숨결이 살아 숨쉬는 제주,
푸른 바다는 오랫동안
해녀들의 터전이 되어주었다.

"'이젠 내 이야기를 해도 되지 않을까?' 하고 생각하게 됐어요.
 그게 가장 많이 달라진 점이에요."

해녀의 부엌은 해녀들의 인생을
연극과 식사라는 형태로 담아낸다.

무한성장의 파도에서
숨이 허락하는 만큼만

나비박사로 알려진 석주명(1906~1950)은 1930~40년대에 여러 차례 제주도를 방문해 답사했습니다. 수많은 나비를 조사하고 분류하는 한편, 제주도의 향토 문화에도 깊은 관심을 가지고 연구했던 그는 제주도를 '삼다도(三多島)'라고 표현했습니다.

'삼다'란 바람과 돌 그리고 여자가 많다는 뜻으로, 제주에 관심 없는 사람이라도 한번쯤 들어봤을 것입니다. 1년 내내 세찬 바람이 몰아치는 이 섬에는 구멍이 숭숭 뚫린 검은 현무암을 쌓아

만든 돌담이 여기저기 보입니다. 돌담은 날아가지 않기 위해
낮게 엎드린 것처럼 생긴 집을 바람으로부터 지키고, 천 조각을
이어붙인 것처럼 밭과 밭 사이의 경계선을 만듭니다. 과거에는
시련으로 여겨지던 제주의 바람은 오늘날 중요한 자원이자 탄소
중립을 이끄는 개척자로 자리매김하고 있습니다. 해안도로를
따라 달리면 반짝이는 바다로 거대한 탑처럼 위엄 있게 솟은
풍차들이 돌아가는 모습을 쉽게 찾아볼 수 있습니다.

제주, 여자들의 섬

바람과 돌에 이어 여자가 많다는 건 어떻게 이해해야
할까요? 실제로 2008년 제주에서 인구통계 집계를 실시한
이래 처음으로 남성 인구가 여성 인구보다 많았던 적이 있지만,
그전까지 오랫동안 제주는 여성이 더 많은 섬이었습니다. 하지만
삼다의 '여자'가 의미하는 것은 단순히 통계적 사실만은 아닐
것입니다.
바다로 둘러싸인 화산섬인 제주도의 지형과 토양, 기후는

농사를 짓기에 적합하지 않았습니다. 생계를 이어가기 힘든 건
물론이요, 나라에서는 주민들에게 무거운 부역을 요구했지요.
왜구의 침략도 빈번해 많은 남성이 섬을 떠나 육지로 향했습니다.
그 빈자리를 섬에 남은 여성들이 채워야만 했지요. 제주에서는
본래 남녀 상관없이 알몸으로 바다에 들어가 물질을 했지만,
18세기 들어 유교 사상의 영향으로 성별에 따라 역할이 나뉘기
시작했습니다. 물질은 점차 여성의 일로 여겨졌고, 언젠가부터
물질하는 여성들은 '해녀'라 불리게 되었죠. 제주의 해녀들은
물질뿐 아니라 밭일과 가사노동 등 온갖 노동에 종사하며
사시사철 집 안팎에서 생계를 꾸렸습니다. 제주에서 여성의
존재감이 크다는 것은, 그만큼 여성이 다양한 일을 해왔고
사회에서 중요한 위치에 있었다는 걸 말해줍니다.

그러나 해녀들은 그에 합당한 대우를 받은 적이 없습니다.
역사에서 항상 변방이었던 제주, 해녀들은 그런 제주에서도
주체화되지 못하고 타자화된 존재였습니다. 그렇게 '중앙'과
'변방'이라는 자타의식(self-other consciousness)을 뿌리 깊게
가지고 있지만, 때로는 가족들의 생계를 위해 그 경계를 넘어
외지로 돈벌이를 떠나곤 했습니다.

제주 동쪽 해안, 1930년대 일제의 수탈에 저항한 해녀 항쟁의
거점이었던 세화오일장. 그 근처에 자리한 해녀박물관에서는
해녀들의 역사에 대한 다양한 기록과 민속자료들을 볼 수
있습니다. 박물관 상설전시관에는 2016년 등재된 유네스코
인류무형문화유산 인증서가 피날레를 장식하는 듯 자랑스레
전시되어 있습니다. 인증서 가운데에는 'Culture of Jeju
Haenyeo(women divers)'라고 우아한 필기체로 적혀 있죠.
과거에는 천대받기도 했던 해녀의 물질이, 이제는 대외적으로
제주의 중요한 문화자원으로 자리잡았습니다.

해녀는 제주를 상징하는 존재가 되었지만, 한편으로는 고령화와
후계자 부족, 자원 부족이라는 복잡한 상황에 놓여 있습니다.
동시에 이러한 변화를 받아들이고 제주 해녀의 삶과 문화를
둘러싼 새로운 움직임도 생겨나고 있습니다. 공연과 향토 음식을
통해 해녀들의 이야기를 전하는 어촌 레스토랑 '해녀의 부엌'도
이러한 움직임 중 하나입니다.

"우리에게
바다가 뭐냐고?
뭐긴 우리 부엌이지"

해녀의 부엌

해녀의 부엌은 해녀들에게 '자신을 진심으로
자랑스럽게 생각할 수 있는 곳'이 되었다.

마을의 미래를 만들어가는 부엌

해녀의 부엌은 제주공항에서 차로 1시간 정도 떨어진 동쪽 작은 마을 종달리에 있습니다. 종달(終達)이라는 이름이 나타내듯 제주도 동쪽 끝 연안부에 있죠. 바다 건너 바로 우도가 보이고, 세계자연유산으로 등재된 성산일출봉과도 멀지 않은 곳입니다. 우도로 들어가는 관문이기도 한 종달항 정박소에 들어서니, 부두를 따라 줄지어 선 어선을 수놓는 부표들의 선명한 주황색이 가장 먼저 눈에 들어옵니다. 이와는 대조적으로 하얀 페인트칠이 군데군데 떨어져 나간 허름한 창고 건물이 외로이 자리를 지키고 있습니다.

그러나 해 질 무렵 이곳을 다시 찾았을 때의 느낌은 한낮의
쓸쓸함과는 사뭇 달랐습니다. 가슴 깊은 곳에서 우러난 힘차고
밝은 목소리가 공간을 채우고 있었죠. 배우들이 손님들을
안내하며 암막 사이를 분주히 오가고 있었습니다. 안으로
들어서니 들뜬 목소리로 공간 전체가 술렁거리는 것이, 마치
소극장에서 연극이 시작되기를 기다리는 느낌과 똑 닮아
있습니다. 손님과 배우 사이의 경계를 흐릿하게 하는 분위기가
감돌았습니다.

해녀의 부엌 대표인 하원 씨는 이 일을 시작하게 된 이유를
되돌아보았습니다.

> "어렸을 때는 이 창고가 어둡고 무서웠어요.
> 하지만 지금은 마을의 해녀분들과 여러 스태프,
> 섬 안팎에서 찾아오는 손님들이 함께하는
> 소중한 장소가 되었죠."

하원 씨는 종달리에서 물질을 생업으로 삼아온 해녀의
손녀이기도 합니다. 서울에서 연극을 전공한 하원 씨는 대학
4학년 여름방학에 종달리로 돌아왔을 때, 어머니가 하시던

해산물 가공식품 일을 도운 게 계기가 되어 지금의 일을
시작했다고 합니다. 서울에서 제주로 귀촌한 이유를 묻자
덤덤하게 답했습니다.

> "솔직히 저는 스스로 도시와 잘 맞는
> 사람이라고 생각해요. 그렇지만 방학 때마다
> 잠시 종달리에 돌아왔을 때 고향에 사는 가족들과
> 해녀분들의 생활이 좀 더 나아질 수 있도록
> 돕고 싶다는 생각이 들었어요."

해녀들의 자부심을 지키는 일

하원 씨의 대답에는 자신의 힘으로 가족을 책임져온 제주
여성을 떠올리게 하는, 가족을 지키는 것에 대한 자부심 같은 것이
묻어났습니다.
하지만 제주를 찾은 사람들에게 해녀에 대해서, 그들이 캐온
해산물에 대해서 알려주어도 쉽사리 관심을 주지 않았습니다.

"제주의 식문화를 알리기 전에,
해녀의 삶에 대해 먼저 알리고 싶었어요."

톳을 보여주며 설명해도 "그래서 이건 고사리인가요?"라는 대답이 돌아오기 일쑤였죠. 제주의 식문화와 해산물에 대한 인지도가 너무 낮았습니다. 이에 대해 알리기 전에 우선 그 배경에 있는 해녀들의 생활을 사람들에게 알릴 필요가 있었습니다. 이를 위해 하원 씨가 자신의 생업으로 떠올린 아이디어가 해녀들의 인생을 연극과 식사라는 형태로 손님들과 나누는 레스토랑이었습니다. 바로 지금의 해녀의 부엌이죠.

해녀의 부엌에서 가장 독특한 점은, 식사 전 공연에 하원 씨의 할머니인 춘옥 해녀를 비롯해 실제 종달리의 해녀들이 출연한다는 것입니다. 현재 함께하고 있는 해녀들은 원래 해오던 물질과 밭일 등을 병행하며 자신의 페이스에 맞춰 이곳 레스토랑에서 배우나 조리 담당으로 일하고 있습니다. 연극 내용은 올해(2024년)로 85세인 춘옥 해녀의 실제 인생 이야기가 기반입니다. 손녀인 하원 씨가 춘옥 해녀에게 들은 이야기를 토대로 각본을 쓰고 연출을 맡았습니다.

춘옥 해녀와 하원 씨의 관계나 하원 씨가 종달리 출신이라는 걸 생각해보면, 지역 주민들(실제로 상당수는 하원 씨의 먼 친척뻘입니다)의 도움을 받는 게 그리 어렵지 않아 보일지도 모릅니다. 하지만 실제로는 해녀로서 일하는 방식과 생활방식을 근본적으로 쇄신하는 이 제안이 쉽사리 받아들여지지 않았다고 말합니다.

"종달리에서 나고 자랐기 때문에, 마을 어르신 대부분은 저에게 이모나 삼촌 같은 분들이에요. 어렸을 때도 귀여워해 주셨고요. 하지만 저를 좋게 생각하신다고 해도, 저의 제안을 받아들이는 건 다른 문제더라고요. 해녀분들과 마을 어르신들의 생업에 직접적인 영향을 줄 수 있으니까요. 마을과 해녀의 미래 비전을 글로 정리해서 설명했지만, 좀처럼 이해해주시지 않았어요. 그래서 이 창고를 하루 동안 빌려 마을 분들을 초대했죠. 그러고는 우리가 만들고자 하는 것을 눈과 귀와 혀로 느낄 수 있도록 직접 보여드렸어요. 그제야 많은 공감과 응원의 말을 들을 수 있었는데요. 이렇게 공감대를 형성한 만큼 저는 마을 사람들이, 특히 해녀분들이 진심으로 자랑스러워할 수 있는 공간을 만들 의무가 있다고 느낍니다."

"물질이 힘들지 않았냐고? 그래도 가족 생각에 버텼어.
지금은 무대에 나가면 내 이야기를 들어주잖아.
얼마나 행복한지 몰라."

생업과 관광 사이에 선 주체

　　하원 씨의 할머니이자 해녀인 춘옥 씨는 레스토랑 건물의
뒤편 벽에 기대앉아 햇살을 온몸으로 받고 있었습니다. 파도
소리를 배경으로 눈을 가늘게 뜨고 "나는 1938년에 일본에서
태어나 여섯 살 때 제주로 돌아왔어. 그리고 이듬해부터 물질을
시작했지"라고 슬며시 이야기를 꺼냈지요. 같이 일하는 젊은
스태프가 건물 안에서 몇 번이고 불러도 개의치 않았습니다.
결국 스태프가 조심스럽게 다가와, "이제 공연 시작하니까
준비하러 가셔야죠"라며 춘옥 해녀를 모시고 건물로
돌아갔습니다. 이후 춘옥 해녀의 집을 찾아 다시 이야기를

나눠보니, 마치 기억 재생버튼을 누른 것마냥 쉼 없이 과거
이야기가 쏟아져 나왔습니다.

"우리 할머니가 자식을 셋 낳았는데,
딸(춘옥 해녀의 고모)은 미역을 캐러 갔다가
추워서 얼어 죽었어. 아들(춘옥 해녀의 삼촌)도
애가 태어나기도 전에 죽어버렸다고 했어.
남은 건 우리 아버지뿐이야. 국회의원도 할 만큼
똑똑한 분이었는데, 우리 할머니가 아버지마저
제주를 떠나면 안 된다면서 못 가게 말렸어.
나중에 아버지는 마을을 떠나서 일본으로 갔지.
나도 그때 태어났고. 천왕사역(일본 오사카시의
덴노지역)이었던가, 어렸을 때 거기서 처음으로
자동문을 본 기억이 아직도 생생해. 그런데 미군이
공습을 한다고 난리니 무서워서 살 수가 있나.
그래서 제주로 돌아온 거야. 그러고 나서
금방 물질을 시작했는데, 막상 해보니까 썩 괜찮았어.
다른 사람들은 물에 들어가면 미역을 한두 다발밖에
못 따는데, 나는 10다발 넘게 들고 올라오니
사람들이 칭찬을 그리 해주더라고.

힘들지 않았냐고? 말해 뭐해. 도망칠 수도 있었지.
그래도 가족 생각에 버텼어. 이 집도 다 내가
벌어서 산 거야. 그런데 내 삶을 돌아보면 너무나
부끄럽고 한심하고, 암울하기 짝이 없어.
소설도 이런 소설이 없다고. 그렇다고 남들에게
힘들다고 하소연을 할 수가 있나. 부녀회 회장이라는
사람이 저렇게 복도 없이 불쌍히 살았구나 하고
손가락질할까 봐. 근데 지금은 무대에 나가면
사람들이 내 이야기를 들어주잖아.
이제는 느긋하게 일어나서 집안일도 하고
청소도 좀 하다 공연장으로 가.
얼마나 행복한지 몰라."

실제로 공연을 보니, 조명 아래 펼쳐지는 춘옥 해녀의 퍼포먼스는
너무나 당당했습니다. 스포트라이트에 지지 않겠다는 듯 눈을
반짝이며 노랫가락을 선보이고, 마지막에는 객석의 손님들에게
자연스레 박수를 유도하기도 했죠. 자신의 과거를 부끄럽게
여겨왔다고는 도저히 생각할 수 없는 명랑함이었습니다.

조명이 닿지 않는 주방 쪽으로 눈을 돌리니 묵묵히 소라를

꼬치에 꿰고 있는 여성이 있었습니다. 현역 해녀이자 해녀의
부엌에서 조리 담당으로 일하고 있는 옥자 씨는, 수줍어하면서도
손님들에게 친절히 식재료에 대해 설명합니다. 그녀는 춘옥
해녀와는 대조적으로 절제된 목소리로 '부엌' 일에 대해 입을
열었습니다.

> "저는 원래 부끄러움이 많고 소극적인 사람이에요.
> 사람들 대하는 것도 서툴렀고요. 다른 해녀들이랑
> 물질하는 거야 괜찮죠. 이미 서로 다 아는
> 사이기도 해서 쓸데없는 이야길 할 필요도 없고.
> 그냥 오늘 얼마나 캤는지, 어디로 가야 하는지,
> 필요한 얘기만 하니까요. 근데 여기서 일하고 나서는
> '이젠 내 이야기를 해도 되지 않을까?' 하고
> 생각하게 됐어요. 내 고민이나 감정을 말하는 게
> 부끄럽지 않게 됐지. 저절로 사람도 밝아진 것 같고.
> 그게 가장 많이 달라진 점이에요."

각자의 내면은 저마다 다릅니다. 그러나 종달리를 찾은
관광객이나 젊은 스태프라는 타자(他者)의 존재가 거울이 되어,
해녀들은 자신들의 문화와 인생을 긍정적으로 바라볼 수 있게

되었습니다. 이제 어로문화(漁撈文化)에서의 '물질'은 단순히 생업으로 물고기를 잡는 어촌의 끈끈한 공동체나, 물에서 캔 해산물을 취급하는 유통경제라는 것만으로는 온전히 설명할 수 없을 것입니다. 자유롭게 유입되는 (그리고 금세 다시 떠나는) 관광객을 포함한 사람들의 활동이나 반응이 해녀들의 삶과 일하는 방식에 선택지를 더해주고 있으니까요. 과거 하원 씨가 꿈꿨던 것처럼 해녀들은 현실에서 '자기 자신을 진심으로 자랑스럽게 생각할 수 있는 곳'을 찾았습니다. 뭍에서 마음껏 숨을 들이쉬고 자신의 이야기를 목청껏 주위에 전하면서요.

타인의 존재가 서로의 거울이 되어,
해녀들은 자신의 삶을 긍정할 수 있게 되었다.

서울을 떠나서 알게 된
내 숨의 한계

생계를 위해 할머니에서 어머니로, 어머니에서 딸로 이어져 내려온 물질. 오랫동안 여성으로만 이루어진 해녀 집단에 스스로 뛰어든 남성이 있습니다. 이민우 씨는 해녀 문화와 해녀들이 캐낸 해산물의 세계를 미디어아트와 식사를 통해 체험할 수 있는 해녀의 부엌 북촌점의 메인셰프입니다. 동시에 해산물들의 터전인 바다를 더 잘 알기 위해 물질을 배우는 남성 해녀, '해남'이기도 합니다.

인천에서 자란 민우 씨는 공대를 졸업한 뒤 서울에서 직장

생활을 했습니다. 20대 후반에 요리에 관심을 가지고
국제요리교육기관인 르 꼬르동 블루 서울캠퍼스에서 프랑스
요리의 철학과 기술을 익혔고, 이후 외식 체인업체에서 브랜드,
메뉴 개발을 담당했습니다. 민우 씨는 일하면서도 여유가 생길
때마다 제주를 여행했다고 합니다. 그러다 결국 서울 생활을
정리하고 1년만 제주에 살아보기로 했습니다. 그렇게 해서
만난 것이 바로 해녀의 부엌입니다. 프랑스 요리의 근간이 되는
'농장에서 식탁까지(Farm to Table)' 사상에 영향을 받은 민우
씨에게, 제주의 '바다밭'에서 해녀들이 직접 캐온 식재료로
요리할 수 있다는 건 무척 설레는 일이었습니다.

내 뜻대로 돌아가지 않는 자연 앞에서

"사실 해녀의 부엌에 들어와서 한동안은 정말
힘들었어요. 공대를 나와 남성 중심의 조직문화
속에서 살아온 제가, 해녀 공동체 안으로
들어가는 것 자체가 쉽지 않았습니다.

해녀 삼촌들이나 여성 배우들하고 나이 차이도
많았고요. 과거의 저를 돌아봤을 때
크게 반성하는 일이 있습니다. 물질과 공연이
겹친 날이었는데요. 물질에서 돌아온 해녀 삼촌이
갑자기 오늘은 공연을 쉬겠다고 하시는 걸 듣고
'무슨 말도 안 되는 소리냐'고 해버린 거예요.
미리 정해놓은 일인데 제멋대로 바꾸는 건
있을 수 없다고 생각했던 거죠.그런데 나중에
제가 처음으로 물질을 해보니 기껏해야
1시간 30분 정도밖에 할 수 없더라고요.
조금씩 적응하면서 3시간 정도 할 수 있게 되었지만,
여전히 물질을 마치고 땅에 올라오면
꼼짝할 수 없어요. 그런데 삼촌들은 못해도
5시간은 공복을 견디며 뭍으로 나오지도 않고
물질을 합니다. 그제야 제멋대로 생각하고
행동했던 건 삼촌이 아니라 저였다는 걸 알았죠.
회사에 몸담고 있을 땐 항상 규칙과 목표를 정하고
'무슨 일이 있어도 성과를 내야 한다, 이를 위해서라면
얼마든지 내 생활도 포기할 수 있다'는 생각으로
살았어요. 그런데 여기서는 그럴 수 없어요.

일단 제주의 자연이 제가 정한 규칙대로
움직이지 않아요. 아무리 물질을 하고 싶어도
날씨가 허락해주지 않으면 계획을 바꿀 수밖에 없죠.
목적을 달성하려고 정해놓은 규칙을
살짝 놓아버리니, 마음도 삶도 조금은
편안해진 것 같습니다."

민우 씨는 91세 해녀 영희 씨의 무대를 보고 해녀의 부엌에
합류하기로 결심했습니다. "내 숨이 허락하는 만큼 물질을 하고,
자연이 주는 만큼만 가져온다"라는 해녀들의 오래된 지혜를 영희
해녀를 통해 마음 깊이 이해했기 때문입니다. 경쟁에서 이기기
위해 숨 쉴 틈 없이 일하며 인생의 목적을 잃어버린 것 같았던
민우 씨는 영희 해녀의 말에서 위로받았다고 합니다.
해녀들이 말하는 '숨'은 단순히 잠수 중의 신체적 의미만은 아닐
것입니다. 자신과 자신을 둘러싼 환경에는 한계가 존재한다는
것, 무한대의 성과를 바라는 건 허망하다는 사실을 아는 것이기도
합니다. 이 이치를 알아야 나의 세상이 무리 없이 돌아가고 삶을
지속할 수 있습니다.

해녀들이 말하는 '숨'은 나의 한계를 아는 것,
무한한 성과를 바라는 것은 허망하다는 사실을 아는 것이다.

오렌지색 테왁을 손에 쥔
아기 해녀들

제주 여성들이 위험을 무릅쓰고 해온 물질. 이제는 새로운 세대의 해녀들이 이어가려 하고 있습니다. 제주도민만이 아니라 육지에서 오는 이들까지 다양한 사람들이 함께하고 있죠. 민우 씨를 비롯해 남성들도 적지 않습니다. 민우 씨가 다니고 있는 한수풀해녀학교에서는 입문양성반과 직업양성반, 이렇게 2가지 코스를 운영합니다. 2007년 설립된 이래 2022년까지 총 722명의 해녀가 이 학교를 졸업했습니다. 수업은 해녀의 역사나 문화를 배우는 이론 수업과 현역 해녀 삼촌들과 함께 물질하는

바다 수업으로 이루어집니다. 학생들은 주말마다 바다에서
잠수하는 법이나 채집하는 법, 날씨 읽는 법, 숨비소리(물 위로
나와 숨을 고를 때 내는 휘파람 같은 소리) 내는 법, 테왁(해녀들이
해산물을 채취할 때 사용하는 부력 도구) 다루는 법 등을 배웁니다.
민우 씨도 8개월 과정의 해녀 입문양성반을 졸업했고,
직업양성반에 진학할 생각입니다. 그의 목적은 물질 실력을
높이는 것만이 아닙니다. 요리사로서 계절과 지역에 따른
해산물의 특징을 연구하고 더 깊이 이해하는 것이 목표죠. 그러나
졸업 후에 해남이 되었다고 해서 해녀를 포함한 어업공동체인
어촌계에 소속돼 활동할지는 또 다른 문제입니다.

해녀의 삶이 우리에게 보여주는 것

지금까지 14년 동안 한수풀해녀학교를 졸업한 722명 가운데
어촌계에 가입해 해녀로 활동하는 사람은 52명, 전체의 7%
정도뿐입니다. 어촌계는 '바당(바다의 제주 사투리)'을 함께
관리하며 성과를 분배하는 공동체로, 유대가 무척 강합니다.
즉 아무리 기술이 뛰어나다고 해도 무조건 받아들이는 것은

아니라는 뜻입니다.

자신이 소속될 어촌계가 자신에게 맞는 환경인지 알아보는 건
아기 해녀들에게도 중요한 문제입니다. 어촌계가 활동하는
바당의 지형이나 수심 같은 환경적 조건은 물론, 팀을 이뤄
물질을 하는 만큼 서로의 라이프가드가 되어줄 동료와의 궁합도
중요합니다. 애초에 긴 세월 동안 경험을 쌓고 깊은 곳까지
잠수하는 베테랑 해녀들처럼 아기 해녀들이 물질을 전업으로
삼아 생계를 이어가는 것 자체가 대단히 어려운 일이기도 합니다.

해녀의 부엌에는 생업으로 물질을 하는 동시에 레스토랑의
스태프로 일하며 해녀 문화를 알리는 베테랑 해녀들이 있습니다.
셰프로 일하면서 자신의 사고를 확장하기 위해 물질을 익히고
있는 민우 씨 같은 사람들도 있고요. 또한 최근에는 신세대
해녀들의 민간 커뮤니티를 표방하는 '명랑해녀 아카데미'가
만들어지기도 했습니다. 생업으로만 여겨졌던 물질의 정의를
새롭게 파악하는 시도는, 관광이나 이주 등 개인의 자유로운
이동이 만들어내는 흐름 속에서 느리지만 착실하게 결실이
쌓이는 듯합니다.

제주에서의 삶을, 물질이라는 업을 택한 아기 해녀들에 대해
춘옥 해녀는 "육지에서 숨 잘 쉬면서 할 일도 많은데, 굳이 괴롭게

숨을 참아야 하는 일은 안 해도 되지 않냐"라며 웃었습니다.
그러나 살기 위해 익혀온 해녀의 힘겨운 생업은, '한정된
숨'이라는 한계를 자신에게 알려주는 것이기도 합니다. 끝없는
성장을 요구하는 현대사회에서 인간과 환경의 유한성을 온몸으로
겪어온 해녀의 삶, 그 자체가 주는 의미는 남다릅니다.

* 제주도에서 해녀를 양성하는 학교는 한수풀해녀학교 외에
  서귀포에 법환좀녀마을해녀학교가 있다.

island
company

이웃의

행복이야말로

진정한

자본

야마시타 겐타山下賢太 │ 아일랜드 컴퍼니 대표

1985년생. 일본 고시키지마에서 태어나 교토조형예술대학 환경디자인학과를 졸업했다. 고시키지마로 돌아온 후, 2010년부터 경작 포기지에서 농사를 짓고 마을을 소개하는 취락 가이드 활동을 하다 2012년에 아일랜드 컴퍼니를 창업했다. 지역 고유의 생활문화나 환경의 재생과 창조를 통해 지역 자원이 순환하는 '행복한 물건, 행복한 활동 만들기'를 실천하고 있다.

아일랜드 컴퍼니

2012년, 가미코시키지마에서 설립되었다. '정겨운 미래의 풍경을 만드는 취락문화 창조기업'을 내걸고, 지역 마을에 뿌리를 두고 행복한 사람·물건·장소를 만드는 활동을 한다. 두부 생산 및 판매, 숙박시설 운영, 이커머스 사업, 음식점 운영, 지역 브랜딩 등 17개의 사업을 운영하고 있다.

구성원	18명
창업년도	2012년
소재지	일본 가미코시키지마
홈페이지	https://island-ecs.jp/

따로 또 같이의 가치가 실현되고 있는
고시키지마 풍경.

"지방의 매력을 작게 나누어 보면,
 도시에 있는 것이 지방에도 모두 있습니다."

낙도에서 발견한
자율협동사회의 5가지 힌트

"사업 때문이라기보다 고시키지마를 어떻게든
나아지게 하고 싶다는 생각으로 시작했어요."

아일랜드 컴퍼니의 대표 켄타 씨가 진지한 눈빛으로 말문을
열었습니다. 그가 진행하는 수많은 활동은 모두 이러한 생각에서
시작되었습니다. 인구 4,000명이 안 되는 작은 섬에, 겐타 씨는
왜 이렇게 강한 애정을 갖는 걸까요?

"옛날 항구에 커다란 용나무가 있었는데,
그곳에서 어부들이 물고기를 말리거나 주민들이
저녁에 바람을 쐬며 담소를 나누곤 했어요.
누구의 땅이라고 정해져 있지 않은 노는 땅이
곳곳에 있었죠. 하지만 섬이 개발되기 시작하면서
이런 곳들이 거의 사라져버렸어요. 사라져버린
소중한 장소와 시간을 지금 시대에 맞는 방법으로
되찾고 싶었습니다."

지역개발을 통해 주민들은 편리하게 지낼 수 있게 되었지만,
고시키지마만의 매력을 잃고 말았습니다. 마을의 일원으로서
편리함과 지역의 매력 모두를 지키지 못했다는 아쉬움이 겐타
씨를 움직이는 원동력이 되었습니다.

하지만 겐타 씨도 처음부터 고시키지마가 매력 있는 곳이라고
생각했던 것은 아닙니다.

"어릴 적에는 고향엔 아무것도 없다고 생각했어요.
그래서 멋진 건축물과 전통문화가 가득한 교토에서
공부하고 싶었죠. 그런데 막상 교토에서 대학을

다니며 지역의 매력을 작게 나누어 보니까,
교토에 있는 것들이 고시키지마에도 모두 있다는 걸
깨달은 거예요. 이 섬에 매력이 없던 게 아니라,
너무 익숙한 곳이라 고시키지마의 매력을
자각하지 못했던 거였어요."

교토에서 살면서 고시키지마의 매력을 재발견한 겐타 씨는
대학 졸업 후 섬으로 돌아왔습니다. 이후 농업부터 시작해 두부
제조판매, 음식점, 호텔 등으로 영역을 차례차례 확장하며
고시키지마만의 매력을 재구성하고 있습니다.
그가 2021년에 개업한 오소노 베이커리는 현대판 용나무의
역할을 맡고 있습니다. 이 베이커리는 월·화·금 오전과
주말에만 빵을 팔고, 다른 시간에는 영어회화 교실, 영화상영관
등 지역 커뮤니티 공간으로 주민들에게 열려 있습니다. 공간의
본래 용도에 얽매이지 않고 주민들의 다양한 상황에 유연하게
대응하는 모습은 과거 주민들의 쉼터 역할을 했던 용나무를
떠올리게 하죠. 더욱이 오소노 베이커리는 지역 주택의 목재나
고가구를 재활용해 만든 곳으로, 고시키지마의 역사를 다시금
짜맞춘 공간이라 할 수 있습니다. 주민들은 이곳에 모여 시간을
보내며 고시키지마의 역사적 매력을 느낍니다. 이처럼 겐타

"도시에 있는 것들이 고시키지마에도
모두 있다는 걸 자각하게 되었죠."

씨는 고시키지마가 지금까지 이어온 문맥 속에서 환경을
재구성해왔습니다.

반경 400m의 이웃들이 서로 도울 수 있는 세계

한편, 고령화율이 50%가 넘는 고시키지마에서는 노년층이
지낼 수 있는 곳을 마련하는 것이 시급한 과제입니다.

> "요양 서비스가 잘되어 있는 것은 좋은 일이지만,
> 제도에만 의지해 주민들끼리 서로 돕는 문화가
> 사라져버리는 게 아닐까 하는 염려도 됩니다.
> 저는 반경 400m 이내에 사는 이웃들끼리 평소에도
> 서로 도와주는 세상을 만들고 싶습니다.
> 그게 제가 맞이하고 싶은 노후이기도 하고요."

겐타 씨의 말을 듣고 가슴이 뜨끔해졌습니다. 아닌 게 아니라,
정부와 기업의 주도로 많은 것이 상품화되어버린 시대입니다.

가까운 미래에 인구가 줄고 재해가 발생했는데 지금과
같은 서비스를 받을 수 없게 된다면 우리는 어떻게 대처할
수 있을까요? 그동안 이웃들과 의지할 수 있는 관계성을
쌓기는커녕, 옆에 누가 사는지도 모르고 살았는데 말입니다.

인구 문제가 심각한 일본에서도 고령화에 가장 먼저 직면한
고시키지마에서, 겐타 씨는 새로운 사회 모델을 구현하고 싶다고
말합니다.

> "자본주의적인 기준을 바꿔나가고 싶습니다.
> 돈의 힘으로만 지역을 바꾸는 게 아니라
> 지역 주민과 환경, 문화에 대한 존중에서 비롯된
> 활동들이 생겨나며 지역이 바뀌어가는 것,
> 즉 자신과 이웃의 행복이 자본이 될 수 있다고
> 생각할 수 있는 세상을 만들고 싶어요."

겐타 씨는 이러한 사고방식을 '환경문화주의'라고 부릅니다.
이를 바탕으로 실천한 일이 바로 '하얀 벤치'입니다. 어르신들이
산책하다 쉬어갈 곳이 없다는 걸 알고 겐타 씨가 마을에 기증한
벤치죠. 오소노 베이커리, 하얀 벤치 같은 작은 활동들을 통해

이웃의 행복이야말로 진정한 자본

젠타 세가 기증한 하얀 벤치.
어르신들에게는 휴식을, 마을에는 작은 교류를 만들어내고 있다.

겐타 씨는 '지역의 행복'이라는 새로운 자본을 만들어가고 있습니다.

행복의 근린성 | 이웃의 행복이 작용하는 행복

겐타 씨는 "내 곁에 있는 사람의 행복에도 관심 없으면서 세상을 바꾸겠다고 하긴 좀 그렇잖아요?"라고 말합니다. 겐타 씨는 반경 400m에 사는 이웃들끼리 서로 도울 수 있는 사회, 나와 이웃이 행복해지는 것이 곧 자본이라고 생각하는 사회를 만들기 위해 노력합니다. 그리고 팀 구성원들도 이런 사회를 구축하는 과정과 결과를 통해 일하는 행복을 누리고 있죠. "지역 주민들에게 고맙다는 말을 들을 때 가장 행복하다"라고 많은 구성원이 입을 모아 말합니다.
이들의 이야기를 들으면, 얼굴을 아는 타인과 교류하는 일의 중요성을 생각하게 됩니다. 아일랜드 컴퍼니의 고객 대부분은 서로 얼굴을 아는 이웃 주민입니다. 상품을 구매하고 시설을 이용하면서 이에 대한 고마움을 구성원들에게 직접 표현하죠.

지역 커뮤니티가 얼마나 나아지고 있는지 실시간 체감할
수도 있고요. 구성원들 또한 지역에서 거주하기에, 지역이
풍요로워지는 것은 자신의 삶을 풍요롭게 하는 것과 직결됩니다.
즉 활동의 제공자이자 수혜자인 셈이죠. 이런 양면적인 입장이
보람을 느끼게 하고, 다음 활동에 대한 동기부여로 이어집니다.
조직이 거대해지고 세계화되면서, 많은 사람이 내가 하는
이 일이 누구의 무엇에 기여하는지 구체적으로 실감하지 못한
채 일하곤 합니다. 철학자 한병철이 《피로사회》를 통해 전한
메시지가 이것이죠. 능력주의에 빠져 끝없는 성장과 성과를
자신에게 요구한 나머지, 옆을 보지 못하고 오직 앞만 보고 달리는
경주마처럼 일하면 번아웃이 오고 맙니다. 선진국을 비롯한 많은
나라에서 정신건강이 사회적 문제가 되는 것을 보면, 이는 몇몇
개인의 문제가 아님을 알 수 있습니다. 제공자와 수혜자의 입장,
양쪽에 모두 서서 활동한다면 어떨까요? 타인과 공동체에 열린
마음을 가질 수 있게 되어 허탈감을 줄이고 일하는 의미를
되찾을 수 있지 않을까요?

"내 이웃의 행복에도 관심 없으면서
세상을 바꾸겠다고 하긴 좀 그렇잖아요?"

혼자 시작하고서 알게 된 타인에 대한 존경심

함께하는 것의 중요성을 이야기하는 겐타 씨지만, 정작
사업도 지역활동도 처음에는 혼자 시작하곤 합니다. 그 이유가
무엇일까요?

> "혼자 시작해야 진정한 의미의 동료를 만들 수 있다고
> 생각합니다. 혼자 시작하면 당연히 모르는 것도 많고
> 어려운 일도 많습니다. 그러면 저를 불쌍히 여긴
> 지역 주민분들이 도와주시죠. 내 모자람, 미숙함을
> 보고 도와준 상대방에 대한 고마움이 싹트고,
> 신뢰할 수 있는 동료들이 주변에 많아집니다."

겐타 씨는 사람의 힘을 빌리고 빌려주며 살아가는 사회를
'타력본원사회(他力本願社會)'라고 표현합니다. 자립과 자기 책임의
중요성을 강조하는 세상이지만, 혼자만의 힘으로 살아가는
사람은 없으니 어려울 때 서로 손 잡아주는 사회를 만들어간다는
뜻입니다. 겐타 씨 본인도 주위의 어려움에 적극적으로
휘말리려고 합니다.

"고시키테라스에서 판매하고 있던
등자귤 가공상품의 매출이 꽤 좋아서,
내년에는 올해의 2배를 주문하기로 했어요.
농가분들도 무척 기뻐하셨죠. 그런데 뭔가
착오가 있었는지 등자귤이 4배나 와버렸지 뭡니까.
사실 상대편의 실수이니 돌려보내면 그만일 수도
있지만, 반대로 우리는 해결할 방법을 생각하기로
하고 시럽을 개발해서 판매했죠. 돌발상황에 굳이
휘말리기로 한 덕분에 마을 사람들도 보람을 느꼈고,
'겐타라면 어떻게든 해결해준다'라는 신뢰도
얻게 되었습니다. 이후에는 좋은 생선을 잡았다며,
좋은 채소가 남았다며 전보다 자주 놀러 오십니다.
휘말릴 수 있는 여유가 없었다면 이렇게 좋은 결과로
이어지지 못했을 거예요."

이웃의 행복을 상상하고 사고에 기꺼이 휘말리는 여유 덕분에
지역과 기업의 발전으로 이어질 수 있었던 것 아닐까요?

등자귤 발주 사고 덕분에 탄생한 KINOS 시럽.

자율협동사회의 힌트❷

뜻밖의 기쁨 | 우발적인 일도 대환영입니다

등자귤이 주문량보다 훨씬 많이 오거나, 남은 강황을
어떻게 활용하면 좋을지 이웃이 상담하는 등 예상외의 일을 겐타
씨는 거절하지 않습니다. 해결사를 자청하고 굳이 휘말리죠.
이런 모습은 '뛰어나다'는 게 무엇인지를 다시 생각해보는
좋은 계기가 됩니다. 일이나 개인생활 할 것 없이, 목표나 역할
그리고 계획을 미리 세우고 이를 실행하는 것이 '뛰어나다'라고
여겨지기 쉬운 세상입니다. 개인의 생산성을 고려하면 계획에
맞게 실행하는 게 중요할 수 있겠지요. 하지만 한편으로 역할이나
계획 외의 것(다른 부서에서 갑자기 도움을 청한다든가)들은 모두
외면해버리는 폐해가 생기기도 쉽습니다. 자율적인 공동체를
목표로 한다면 내 행동이나 시간의 효율성만 추구하기보다는,
외부에 의해 생기는 통제할 수 없는 일에 대해서도 호의적으로
받아들이는 여유나 구조가 중요합니다.
또한 우발적인 일에 휘말리겠다고 수락한 후의 태도도
중요합니다. 타인에게 도움의 손길을 내밀면서 상대방에게
무언가를 기대하는 건 자칫 상대의 감정을 통제하는 것으로
이어질 수 있습니다. 기대가 어그러졌을 때, 불만이라든가

미움 같은 마음이 생길 수도 있죠. 내 도움에 대한 상대의 반응
또한 통제할 수 없다는 사실을 받아들이는 게 중요합니다.

본질적인 다양성이 고시키지마에 있다

다른 사람과 협동할 때 관계의 폭이 좁다는 게 고시키지마의
특징입니다. 그래서 의외로 좋은 점도 있습니다.

"도쿄 같은 큰 도시라면 마음 맞는 사람을 골라
활동할 수 있지만, 고시키지마는 인구가 적기 때문에
나이도 사고방식도 전혀 다른 사람들끼리
협력할 수밖에 없습니다. 함께할 사람을 고를 수
없기에, 눈에 보이는 차이가 아니라 상대방의
본질을 보려 노력합니다. 이런 자세야말로
다양성의 토대가 된다고 생각합니다. 힘을 가진
비슷한 사람들끼리만 모이고 청년이나 이주민,
여성 등 소수자가 배제되어버리면 지역 전체가

불행해질 수밖에 없을 거예요. 그래서 속성이나 취미,
기호가 다른 사람들 사이의 공통점을 찾아내면서
의논하는 게 중요합니다."

특히 베테랑이 주류가 되는 지역 커뮤니티에서는 이러한 자세가
더욱더 필요합니다. 학부모회나 의용소방대 등에 속해 있는 겐타
씨는, 사람의 속성이나 배경과 관계없이 개개인의 의견 뒤에
숨어 있는 생각까지 풀어가는 방식을 활용합니다. 섬의 미래를
이어갈 젊은 층과 현재 주도적으로 활동하는 베테랑이 융화되어
긍정적으로 앞을 향해 나아갈 수 있는 환경을 만들기 위해서죠.
다른 사람의 마음속 깊은 곳을 보려는 이러한 자세로 겐타 씨는
지역 주민의 신뢰를 얻었습니다. 겐타 씨는 현재 학부모회
부회장, 무사오도리 보존회 회장 등 13개의 지역 커뮤니티의
직책을 맡고 있습니다.

외부의 우발적인 상황에 굳이 휘말리는 자세가
서로 돕는 공동체를 만든다.

자율협동사회의 힌트❸

심층적인 다양성 |

사람의 본질을 깊이 이해하며, 다양성을 찾아내다

아일랜드 컴퍼니나 고시키지마에는 사람이 부족하기
때문에 함께할 사람을 골라서 선택하기가 쉽지 않습니다. 이러한
현실을 받아들인 후에 겐타 씨는 개개인의 서로 다른 성격이나
관심사에 많은 관심을 기울이게 되었습니다.

애초에 집단에 다양성이란 것이 왜 필요할까요? 책《다이버시티
파워》에서는 복잡한 문제에 대해 의미 있는 논의를 하기 위해
다양성이 중요하다고 말합니다. 여기서 말하는 다양성은 단순히
인구통계학적 다양성이 아니라 인지적 다양성을 가리킵니다.
다양성이라는 말을 들으면 성별이나 연령대 같은 특징이나
전문 분야가 다른 사람들이 모인 집단을 떠올리기 쉽지만,
이것만으로는 다양성을 표면적으로밖에 파악할 수 없습니다.
가치관이나 흥미, 관심처럼 한층 더 깊은 성질의 다양함이,
복잡한 문제에 맞서 해결하는 데 중요합니다. 겐타 씨가 말하는
다양성은 바로 '인지적 다양성'에 착안하고 있다고 할 수
있습니다.

이번 취재를 통해 우리는 단순히 다양한 사람을 모은다고 해서

다양성이 도출되는 것이 아님을 알 수 있었습니다. 오히려 얼핏 비슷해 보이는 개개인의 내면을 충분히 이해함으로써 다양한 측면이 드러나고, 그 결과 진정한 다양성이 도출되는 것일지도 모릅니다.

이처럼 자원의 확장뿐 아니라 자원의 심화(深化) 역시 다양성을 불러옵니다. 물론 여성이나 젊은이 등에 초점을 맞추는 속성적인 접근도 필요하지만, 그 정도에 멈추어 개인의 개성이 등한시된다면 다양성은 표면적인 수준에 머물고 말 것입니다.

모두가 주인공인 조직을 향해

다양성에 대한 통찰은 사물에도 향하게 되었습니다. 오래된 건물을 어떻게 활용하면 좋을지 고민했을 때가 대표적인 예입니다.

"덩그러니 남아 있는 오래된 민가에 들어가면,
집이 저에게 찾아줘서 고맙다고 말을 거는 듯해요.

이곳에 살았던 사람들 그리고 지역과 함께 걸어온
이야기를 풀어나가면, 혼자 활동하면서 힘들고
외로웠을 때 주변 사람들이 저에게 도움의 손길을
내밀었던 기억도 겹쳐 떠오르고요. 다른 분들에게
도움을 받았던 경험이 되살아나면서, 저도 이 오래된
건물을 어떻게든 되살려보자고 결심하게 됩니다."

겐타 씨의 활동을 늘 걱정하고 도와준 주민분이 돌아가시기 전에
물려준 작은 트럭에서도 비슷한 감정을 느낍니다.

"이 트럭을 타고 다니면, 그분이 생전에 저를
볼 때마다 '겐타야, 힘내거라'라고 말씀해주시던
게 떠오르곤 해요. 사람과 지역의 뜻을 다음 세대로
이어가려는 저에게 힘을 실어주는 것 같아요."

오래된 건물과 자신의 처지가 비슷하다고 느끼고, 트럭을 통해
윗세대의 뜻을 되새기는 등 사물과의 대화를 통해 발견하는
서사 역시 겐타 씨가 이 지역을 위해 활동하는 원동력이 되어주고
있습니다.

오래된 민가에 남아 있던,
예전 주민이 사용하던 물건들.
겐타 씨는 이런 물건들에서
내러티브를 엮어낸다고 말한다.

"지역 주민들에게 도움받았던 기억을 떠올리면,
 저도 이 오래된 건물을 살리고자 결심하게 됩니다."

아일랜드 컴퍼니는 어떤 방향을 바라보고 있는 걸까요? 겐타 씨에게 회사의 미래 모습에 대해 물었습니다.

> "앞으로 10년 안에 고시키지마에 없어서는 안 되는 회사로 만들고 싶어요. 이곳에는 고시키지마를 떠나면 다시 돌아오지 않는 젊은 사람들이 대부분이거든요. 아일랜드 컴퍼니에서 일할 수 있다면 고시키지마로 돌아오고 싶다고 생각할 정도가 되었으면 합니다."

이를 위해서는 '고시키지마'와 '회사' 양쪽 모두에게 사람들을 끌어당길 요소가 있어야 합니다. 전자에 대해 겐타 씨는 "살아갈 장소, 죽을 장소로 고시키지마가 선택받으려면 다른 도시를 흉내 내봐야 소용없죠. 섬의 근본적인 매력을 발굴하는 것이 필요하고, 저는 회사라는 형태로 그 일을 하고 있습니다"라고 말합니다. 앞서 말한 마을의 매력을 재구성하는 활동이 그것입니다.

한편, 후자에 관해서는 구성원 한 사람 한 사람이 주인공이 되는 조직을 목표로 하고 있습니다.

"수직적이고 권위적인 조직이 되고 싶지는 않습니다.
그러려면 회사나 누군가의 잣대로 움직이는 것이
아니라, 스스로 경험하고 결단하는 것이 중요하죠.
'내 힘으로 성장했다'는 성공 체험에서 비롯된
자신만의 잣대를 키워나가야 합니다.
목표와 방법을 말로 가르치는 것이 아니라,
각자가 실감할 수 있을 때까지 기다리는 것이
제 역할입니다. 구성원 모두가 스스로 깨닫고
감각을 길러가야 회사도 성장할 수 있다고
생각합니다."

겐타 씨는 저마다의 '어떻게든 해내는 힘'을 중요하게 여깁니다.
이러한 생각은 입사 2일 차 사원에게 부서를 맡기거나, 직원에게
채용 결정을 위임하는 등의 행동으로 이어지고 있습니다.
자유도가 높은 환경에서 스스로 판단하고 결단을 내리는 경험이
쌓이면 자신만의 잣대를 만들기가 한결 쉽죠.

"모두가 다르다는 것이 대전제입니다.
모두가 같은 방법을 생각하고 같은 의견을 가진다면
싫을 것 같지 않나요? 그래서 나다움을 포기한

구성원에게는 이의를 제기하고, 제 의견과 구성원의
의견이 부딪칠 때는 오히려 기쁨을 느낍니다."

자율협동사회의 힌트 ❹
자기결단 | 개개인의 자주적인 결정이 조직을 움직인다

겐타 씨는 일부러 사원에게 명확한 지시를 내리지
않습니다. 각자 스스로 결정하기를 기다리죠. 그런 경험을 통해
개인이 성장할 수 있다고 믿기 때문입니다. 저마다 중요하게
생각하는 기준을 확립해가는 과정에서 회사도 건강하게
성장하리라 믿기 때문입니다.
물론 목표 같은 조직의 기준을 자세히 정의하는 것은 구성원이
활동하는 데 동기부여가 되고 조직 참여도를 높이는 데에도
중요합니다. 하지만 조직이 쥐여준 근거에만 의존하면 개인의
생각을 반영할 여지가 줄어들어 자발성이 꺾일 수 있죠.
겐타 씨가 목표로 하는 조직 형태는 프레데릭 라루(Frederic
Laloux)가 제시한 틸(Teal) 조직과 유사하다고 느껴집니다.
모든 원칙을 폐기하고 급여를 비롯해 대부분의 의사결정을
구성원이 직접 하는 조직을 뜻하는데요. 아일랜드 컴퍼니 또한

아침 일찍부터 야마시타 상점에서
두부를 만들고 있는 점원.

후지야 호스텔의 식사 준비 장면.

틸 조직으로 향하는 변화의 과정에 있다고 할 수 있습니다. 물론 스스로 활동이나 목표를 정하는 만큼, 멤버들이 느끼는 고민이나 갈등도 있겠죠. 하지만 '나를 위해, 내 기준으로 정한다'라고 말하는 과정에서 '내 삶의 방식'을 추구하는 자세가 조직에 뿌리내리고 있습니다. 개인의 판단을 중요시하는 아일랜드 컴퍼니의 사례를 통해 '조직의 기준'에 대해 다시 생각해보는 계기로 삼아보면 어떨까요? '개인의 기준'을 발현하는 것의 중요성을 동일 선상에 놓고 생각하는 것이죠.

지역과 조화될 수 있게 서포트하는 조직

지금까지의 이야기를 듣고 떠오른 회사의 이미지는 어떠했나요? 직원들의 자립을 다그치는 엄격한 회사라고 느끼셨나요? 아뇨, 그 반대입니다.

"인재를 소중히 여기려면 구성원들에게
회사의 규칙에 맞춰달라고 할 게 아니라,

구성원에 맞게 규칙을 바꿀 필요가 있다고 생각해요.
그래서 저희는 구성원들의 상황에 맞게
매년 취업규칙을 갱신하고 있습니다."

일례로 건강이 나빠져 출근이 어려워진 직원이 생기자 즉시
재택근무 제도를 갖추기도 했습니다.
언뜻 엄격해 보이는 태도도, 섬 주민들을 향한 마음처럼 눈앞에
있는 직원들의 좀 더 좋은 인생을 위해 달려온 결과입니다.
회사가 없어져도 살아갈 수 있는 인재를 키운다는 신념에 근거한
것이죠. 회사는 한 사람 한 사람의 자립을 지탱하는 그릇입니다.
그렇기 때문에 "당신의 삶의 방식은 당신만이 결정할 수 있다",
"회사는 사람의 집합체이니, 상황이 좋지 않을 때 회사만 탓하지
말라"라고 말할 수 있는 것이죠.

구성원들을 위하는 관점에서, 거처를 만드는 것에도 강한
고집이 있습니다. 겐타 씨가 '신뢰 경제'라고 부르는 것처럼,
고시키지마에서는 사람들 사이의 신뢰가 편안한 생활을
좌우한다고 해도 과언이 아닙니다.

"섬에서는 '야마시타 상점의 누구누구'와 같이,

직함이 신뢰 관계의 첫걸음이 됩니다.
그래서 고시키지마로 이주해온 구성원들이
빨리 적응하려면 우리 회사의 신뢰도가
높아야 한다는 사실을 항상 의식하고 있죠.
아울러 상대방의 기대치를 넘어설 때
신뢰가 강해지므로 구성원들에게도
100을 요청하는 분에게는
101을 드리라고 강조합니다."

자율협동사회의 힌트 ❺

거버넌스의 민주화 |

조직의 방향성은 구성원들을 통해 변화한다

아일랜드 컴퍼니는 고시키테라스를 중심으로 외식 사업을
이어오고 있었습니다. 그런데 여기서 일하던 야마시타 마유
씨에게는 고민이 있었습니다. 고시키테라스는 집에서도 멀고
아이들이 다니는 학교에서도 멀어서, 가족들과 시간을 보내지
못하면서까지 일하는 게 맞나 하는 의문이 들었던 것입니다.
그래서 소통 전문가에게 의뢰해 생각을 정리하고, 목수와

상담하면서 새로운 외식 공간인 오소노 베이커리를 만들기로
결심했습니다. 주위에 협조를 얻으면서도 다른 구성원들에게는
비밀로 하여 독자적인 기획을 준비한 것이죠. 제대로 준비한
덕분에 아일랜드 컴퍼니의 구성원들도 그녀의 프레젠테이션에
곧바로 공감했습니다. 야마시타 씨 또한 학교를 마치고 돌아오는
딸들과 시간을 보내면서 일할 수 있는 환경을 실현했고요.
이는 직원들의 개인생활과 가치관을 고려해 매년 취업규칙을
개선하는 아일랜드 컴퍼니여서 가능한 일이기도 합니다. 조직의
원리에 구성원들이 일방적으로 따르는 것이 아니라, 구성원들의
가치관과 활동에서 비롯된 변화로 조직의 체계가 바뀌는 것이죠.
이 배경에는 조직은 사람들의 집합체이고, 그들이야말로 가장
중요한 자본이라는 생각이 깔려 있습니다. 물론 구성원들도
자신의 삶과 일에 대해 진심으로 고민하고 행동한다는 전제가
있어야 하겠고요. 누군가는 아일랜드 컴퍼니가 아직 작은
조직이니 가능한 일이라고, 규모가 커지면 불가능할 거라고
말할지도 모릅니다. 하지만 그렇게 결론짓는 건 너무 섣부르지
않을까요? 조직 규모와 상관없이 규칙에 선택의 폭을 두거나(예를
들어 일하는 장소나 시간을 자율적으로 선택한다든가) 팀 단위로 규칙을
변경하는 식으로, 조직과 개인의 균형을 찾아가는 조직도 적지
않으니까요.

주위 환경과 구성원을 중심으로 사업을 이어나간다는 관점에서,
아일랜드 컴퍼니는 사회연대경제를 실현하는 협동조합으로도
볼 수 있을 듯합니다. 노동자나 지역 시민들이 자주적으로
운용하는 사회연대경제가 자본주의 경제의 대안으로서
유럽을 비롯해 세계 곳곳에서 확산되고 있습니다. 특히
GAFA(구글·아마존·페이스북·애플)나 우버같이 거대한 영향력을
갖는 플랫폼 기업들이 만드는 착취적인 경제구조에 대항해
구성원 스스로 플랫폼이나 조직을 만드는 움직임에 많은 관심이
이어지고 있습니다.

사회 양극화가 날로 심각해지고 있는 지금, 특정 인물이나
집단이 조직을 지배하는 형태가 아니라 업무에 가장 가까이 있는
당사자들이 조직 운영에 관여할 수 있는 민주적인 조직 체계를
가진 아일랜드 컴퍼니와 같은 조직은 앞으로 더 중요해질 것이고,
곳곳에서 생겨날 거라 믿어 의심치 않습니다.

오소노 베이커리 내부.

작은 섬이지만,
여기도 세계니까요

겐타 씨는 구성원들과 함께 고시키지마에서 어떤 미래로
나아가길 꿈꾸고 있을까요? 여러 방향성 중 하나는 자신들의
활동을 고시키지마 섬 밖으로 펼쳐나가는 것입니다.
2019년에 가고시마현의 27개 낙도와 연계해 가고시마 낙도
문화 경제권(鹿児島離島文化経済圏, RITOLAB)이 결성되었습니다.
이 커뮤니티는 정기적으로 낙도의 실천가들이 합숙하며 토론하고
섬에서의 필드워크를 통해 각각의 낙도가 가진 환경적, 문화적
자산을 재발견하고 전국으로 알리고 있습니다.

"낙도는 자연재해나 에너지 문제가 발생했을 때,
육지와는 비교할 수 없을 정도로 고립되는 취약함을
안고 있습니다. 그러므로 RITOLAB과 같이 외부와
연계하고 협력하는 것은 사활이 걸린 문제라 할 수
있죠. 이런 연계는 일본에 한정된 이야기가
아닙니다. 중남미와 일본의 가교 역할을 하는
회사의 사외멤버로 활동하면서 매년 멕시코에서
고시키지마로 인턴생을 받고 있습니다.
오소노 베이커리에서도 영어회화 수업을
운영하는 등, 세계와 연결되는 섬을 목표로 하고
있습니다. 고시키지마는 낙도기 때문에
지리적으로는 닫혀 있지만, 여러 활동을 통해
세계와 이어진 곳으로 만들고 싶습니다.
다음 세대에 '이곳도 세계'라는 사실을
전하고 싶습니다."

겐타 씨는 고시키지마의 사람과 문화를 세계에 알리며, 지역에
머무르지 않는 순환을 그려왔습니다. 그는 노후에 농업과 임업의
생산자로서, 음식과 목재가 순환하는 지역을 만드는 데도
기여하고 싶다고 말합니다. 사람과 사물 그리고 지역문화의

다양한 특성을 발굴하면서, 개인과 개인이 이어져 순환하는 사회가 고시키지마에서 실현될 수 있을지 함께 지켜보고 싶습니다.

"고시키지마는 지리적으로는 닫혀 있지만,
자율과 협동을 통해 세계와 이어지고자 합니다."

개인과 조직 간의
새로운 관계를 생각하다

에토   돌이켜보면 서로 다른 환경에 있지만, 다들 자신의 활동을
　　　　　기점으로 좀 더 많은 사람의 생업 곁에서 서로를 돕고 용기를
　　　　　북돋는다는 공통점이 있었습니다. 모든 프로젝트가 개인의
　　　　　강한 의지에서 출발했지만, 누군가에게 그 동기를 억지로
　　　　　강요하는 방식이 아니었던 게 인상적이었어요.

스즈키   댓푸드는 농가나 함께 일하는 구성원들의 행복을, 샵키라나는
　　　　　소매점뿐 아니라 그 너머의 인도 사람들의 생활을, 타이둥

슬로푸드 페스티벌의 여진 씨는 타이둥 사람들이 간직해온
문화를, 일반적인 사업의 이해관계자보다도 더 큰 범위를
상정하고 활동하고 있었죠.

우치다   상대방의 행복에 대해 상상하는 범위가 넓다는 것도
인상적이었습니다. 관련 있는 사람들끼리 서로 배우며 몸과
마음 모두 건강해지는 것이죠. 나의 행복과 상대방의 행복이
별개의 것이 아니라, 넓게 겹쳐 있는 듯했어요. 상대방을
단순히 노동력 또는 소비자라는 측면에서만 보는 것이 아니라
인격체로 바라봤고, 이것이 그들의 활동이 영향을 미치는
범위를 넓고 깊게 해준다고 느꼈습니다.

야마시타   각 조직의 중심에는 가치관이나 미션, 비전과 같은 것이
있었습니다. 다만 우리가 평소 떠올리는 '구성원이 힘을 모아
달려가는 목표'와는 달랐어요. 조직이나 프로젝트에 참여한
사람이 각자의 맥락에 비추어 해석하고 움직일 수 있는 '2차
창작'의 여지가 있다고 할까요.

우치다   저도 경영서에서 심심치 않게 거론되는 미션이나 사회와의
접점으로서의 목표와는 조금 다르다고 느꼈습니다. 댓푸드도
샵키라나도 함께하는 사람과 조직 간의 가치관이 어울리는지

확인하는 프로세스가 있었죠. 하지만 단순히 맞는지 맞지 않는지를 확인하는 것뿐 아니라 상대가 무엇을 중시하고, 어떤 이야기를 공유할 수 있는가, 함께한다면 어떤 일이 적합한가에 대한 커뮤니케이션이 메인이었어요.

마츠마루 타이둥 슬로푸드 페스티벌의 경우, 사람들이 하나의 조직에 소속되어 있지 않은 건 물론이고 심지어 같은 목표를 향해 달려가는 형태조차 아니었죠. 각자가 식문화를 기반으로 '이랬으면 좋겠다'라고 생각하는 것들이 어쩌다 보니 하나로 합쳐져 가는 듯했어요.

야마시타 음악으로 비유하자면 옴니버스 앨범 같은 느낌이겠네요. 샵키라나는 같은 공간에서 춤추는 사람들을 늘리려 하는 듯하고요.

에토 그에 비해 댓푸드는 'Why(왜 일하는가)'를 묻거나 각 부문에서 일하는 경험을 통해 어떤 일을 할 때 가장 행복한지를 개인이 찾을 수 있는 프로그램을 갖추고 있었죠. 이게 바로 조직과 개인의 스토리를 어떻게 합쳐갈 수 있는지에 답을 주는 프로세스라고 생각합니다.

우치다   '각자의 의지는 크지 않더라도 팀에 합류함으로써 큰
움직임으로 이어진다'라고 할 수 있겠네요. 결과적으로,
큰 목표를 이루기 위한 팀이지만 개인 동기들은 작아도
괜찮다는 관계성을 갖고 있었습니다. 그런 큰 강의 흐름을
조정해나가는 리더의 역할도 놀라웠고요.

에토   저는 댓푸드의 론 씨의 말이 기억에 남습니다. "리더는
공동체의 문지기로서 팀의 가치관을 지키는 데 집중하는 게
가장 중요하다"라고 했는데, 일반적으로 사람들이 생각하는
리더상과는 많이 다르잖아요?

우치다   야마자키 료 씨도 타이둥의 여진 씨가 일반적인 리더와는
많이 다르다고 말했죠. 리더의 존재가 너무 강해서 지배적인
구조가 생기지 않도록, 각자가 자기답게 활약할 수 있는
환경을 의식하고 있다고 생각해요.

야마시타   그래서인지 참가하는 분들 스스로 결정하고, 서로의 협동
관계도 생겨나고 있었죠. 지시하고 지시받는 관계가 아니기에
역할이 고정적이지 않고, 그때그때 자유롭게 움직일 수 있는
플랫폼 같은 느낌이었습니다.

에토　　　개개인이 '왜'를 자각하고 플랫폼에 합류했기 때문에
　　　　　　자유롭게 의사결정을 하거나 행동할 수 있는 것이겠죠.

야마시타　'내가! 내가!'만 외치는 자기중심적인 태도가 아니라 타인과
　　　　　　소통하는 관계를 포함한 자각이자, 자기결정이라고 할 수
　　　　　　있습니다.

마츠마루　나도 바뀔 수 있고 조직도 바뀔 수 있다는 신뢰가 있었어요.
　　　　　　자기결정은 내 의지로 그만두거나 바꿀 수 있다는 것도
　　　　　　중요한 요소가 아닐까요?

우치다　　여진 씨의 활동 중에서도, '이거라면 저분이 잘 안다'라는
　　　　　　사실까지 알 정도로 관련된 사람들을 면밀히 살펴왔다는 걸
　　　　　　알 수 있었어요. 이 또한 개인 간의 신뢰나 축적된 관계에서
　　　　　　생겨난 것이겠죠.

나의 행복, 공감에서 나오는 행복

야마시타   이들 사례에서 또 하나 공통점이 있다면, 문제에 가장 가까이 있는 사람에게 권한을 준다는 점일 것입니다. 댓푸드의 경우에는 농업 종사자나 노동자, 샵키라나는 소비자와 가장 가까운 키라나스토어, 여진 씨의 경우는 원주민을 위시한 지역 주민을 중심으로 생각하고 있었습니다.

카가   다만 권한위임의 방식은 다들 달랐어요. 인도에서는 점주들의 복잡다단한 업무를 개선하고 서민과 중산층의 삶의 질을 올린다는 목표가 분명했죠. 반면 대만의 경우에는 경제발전을 의식하면서도 타이둥다운 문화를 일깨우는 데 중점을 두었습니다. 베트남은 그 중간 정도로 보였어요. 행복의 척도로 금전적인 가치만을 맹목적으로 좇지 않는 듯했죠. 각자 사회의 특성과 절묘한 균형을 이루고 있다고 생각했습니다.

에토   타이둥 슬로푸드 페스티벌에 참가했던 원주민 셰프가 타이페이의 레스토랑에 초대받았던 에피소드를 기억하시나요? 저는 이 사례에서 '결코 대자본에 놀아나지

않고, 스스로 만든 무대에서 나답게 놀겠다'라는 의지를
느낄 수 있었습니다. 자신들의 활동이 자신들의 맥락에
부합하는지, 혹시라도 누군가의 이야기에 올라타 있지는
않은지 항상 의식하고 있었습니다.

우치다 '대도시와 지방', '중심과 변방' 간 힘의 불균형에 의한
문화침략에서 어떻게 벗어날 것인가에 대한 야마자키 료
씨의 의견과도 관련 있는 에피소드였죠. 나다운 나로 남을 수
있고, 있는 그대로 무대에 오를 수 있는 것이 자율성의 기반이
된다고 느꼈어요. 활동을 이어가려면 물론 돈도 중요하지만
그 이상으로 주변 사람의 행복에 가치를 두고 있었습니다.

에토 주변 사람들이라는 게 사내 구성원에 한정된 것도
아니었어요. 댓푸드의 론 씨가 농업 종사자들을 '공급자'가
아니라 '내부고객'이라 부르는 것에서 단적으로 드러나죠.

우치다 여러 실천가의 입에서 '행복'이라는 단어가 자주 나왔습니다.
하지만 행복을 기준으로 삼는 게 쉬운 일은 아니에요.

스즈키 사회적 기업가들의 고민이 이것이죠. 자신의 대의를 위해

활동하는 와중에 정작 구성원들이 피폐해지는 경우가
종종 있습니다. 이 책에 소개된 기업들은 그것과도 상당히
달랐습니다.

야마시타 고객과 구성원, 주변 사람들에게 공감하려는 노력은 당연히
하지만, 그렇다고 해서 자기를 희생하는 것은 아니었죠. 굳이
말하자면, 각자 자신의 과제를 해결하기 위해 활동한다고
할까요. 목적지를 곧장 향해가는 것이 아니라, 그 과정 자체와
매일의 즐거움을 중요하게 여깁니다. 중간에 다른 곳도
들러가며 산책하듯이 돌아가죠. 그리고 나중에는 그 여정
자체가 길이 되어가는 방식으로 일하는 거예요.

우치다 산책하면서 누군가와 접점을 가지면 그 사람의 행복을
생각할 수 있게 되죠. 타인과 접촉할수록 상상할 수 있는
행복의 크기도 커질 거라 생각해요. 닫힌 사무실에서
생각만 할 때와는 전혀 다르죠.

카가 공감에 의한 행복이 생겨나는 것 같아요. 예를 들어
대만에서는 커뮤니티를 개방해서 문화나 음식이 주는
기쁨을 깊이 파고들 수 있게 했죠. 누구나 참가할 수 있도록
열어놓음으로써, 결과적으로 지역과 조직에 다양성이

꽃필 수 있었다고 생각합니다.

에토   다양성이라는 단어에 대한 인식도 애초에 저희와는 조금
달랐어요.

야마시타   민족이나 종교, 복장, 음식까지 무척 큰 차이가 있었습니다.

마츠마루   그렇네요. 최소한으로 충족시켜야 하는 선은 있지만 행복의
형태는 제각각이죠. 저는 여진 씨가 타이둥을 살기 좋은
곳이라고 표현한 것이 마음에 남았습니다. '해야 한다'는
외부에서, '하고 싶다'는 자신에게서, '할 만하다'는 어느 쪽도
아닌 개인의 감정에 기대는 것도 세상과 나라는 이분법에서
벗어날 수 있는 사고방식이라고 생각합니다.

야마시타   어떤 가치에 왜 공감하는지, 어떤 일이 자신에게 맞는다고
생각하는지가 중요한 것 같아요.

미래 사회에서 자율과 협동이란

마츠마루   자율이라는 게 무엇인지 점점 감이 잡히는 듯합니다.
스스로 규칙을 설정하되 지나치게 얽매이지 않고 자신을
조정해나가는 것 아닐까요. 혼자서만 열심히 치고 나가는 게
아니라, 흔들리기도 하다가 다른 사람에게 기대기도 하고
손을 잡기도 하면서 나아가는 상태죠.

에토   저는 자율이라는 게 자신의 행복이 무엇인지 자각하는 것이라
생각합니다. 협동은 상대방의 일을 내 일처럼 생각할 수
있는지가 중요한 열쇠이고요.

스즈키   그렇게 자율과 협동이 순환하면서 무엇을 지향하는지 되묻는
것 자체가 자율협동의 한 형태가 아닐까요?

나카무라   스포츠에서 강조하는 팀워크와도 비슷해 보이네요. 패스할
때도 상대방의 움직임에 맞춰서 어디로 패스할지 정하잖아요.
그냥 기분 내키는 대로 해서도 안 되고, 상대방이 잘
받아주겠지 하고 너무 의존해도 안 되죠.

야마시타　서로의 호흡을 읽고 다음 수를 정한다는 점에서는 음악 세션 같기도 하네요. 그러나 순환고리가 닫혀 있다면 서로에게 너무 의존한 나머지 자율성이 사라질 수 있습니다.

마츠마루　자율과 협동의 연결고리 밖에서 드나들 수 있는 틈이 없으면 숨 막힐 것 같긴 하네요.

야마시타　맞아요, 꽉 닫혀 있는 조직은 자정 능력도 잃기 마련이죠.

우치다　자율과 협동의 적절한 순환이 계속 돌아가면, 개인이 느끼는 행복의 범위도 넓어질 수 있을 것 같아요. 주변 사람들과의 우호적인 관계까지 포함한 개인의 행복에 대해 깨달을 수 있고, 그 깨달음의 범위를 넓히는 것이 협동으로 이어질 수 있겠죠.

가나모리　다만 그 행복이란 것이 반드시 무언가가 갖춰져야만 충족되는 것도 아닌 것 같습니다.

마츠마루　우리가 살펴본 조직 모두 조건을 전부 갖추거나 목표를 달성하는 것 자체가 행복이 아니라, 매번 느끼는 작은

감각들이야말로 행복이라고 인식한다고 느꼈어요. 지극히
개인적인 감각이 조직에서 높은 우선순위를 차지하고 어쩌면
이게 사업 자체의 목적처럼 보이기도 해서 꽤 충격이었죠.
같이 일하는 구성원들의 행복이 조직을 움직이는 자본이 된 것
같았습니다.

스즈키   사람을 노동력이나 대체 가능한 자원으로만 보는 관점과는
전혀 다르네요.

우치다   그렇죠. 동료들이 행복하게 살아가는 것이 사업 전체에
큰 의미가 있다는 관점에서 일하고 있었어요. 일반적인
조직에서는 찾아보기 어려운 모습이죠.

야마시타   기업이나 조직이 느끼는 '자본'의 의미가 바뀌고 있는지도
모르겠습니다. 마치 사회관계 자본처럼 자본이라는 게 교환
가능한 것이 아니라 고유의 가치를 가진 것일 수도 있겠죠.
여기서 자율협동은 조직 안팎의 관계는 물론 서비스를
제공하는 사람과 제공받는 사람까지 포함한 사회관계 자본을
극대화하는 움직임 그 자체가 될 수 있다고 생각해요. 그렇게
되면 자본이라는 걸 기존의 정량적인 수치로 측정하기는
어려울 것입니다.

탐구하는 여행을 마치고, 각자의 마음속에 남은 것들

에토   인터뷰를 마치고 다들 무엇을 느끼셨나요? 저는 회사에서
소속 부서나 역할을 전제로 개개인의 일이 정해지는 관행에
대한 의문이 커졌어요. 누구의 맥락에서 일하는가와 비슷한
이야기입니다. 나 자신이 실현하고 싶은 것이 우선이고
그 너머에 있는 회사의 일이 내 일과 이어지는 흐름을
납득할 수 있을 것 같아요. "댓푸드에서 일하는 것이 아니라,
댓푸드와 함께 일한다"라는 론 씨의 말이 조직과 개인에 대한
제 관점을 바꿔주었습니다.

카가   이번 대화를 통해 미래의 행복에 대한 힌트를 많이 얻을 수
있었습니다. 하지만 조직에 소속된 개인이 하루아침에 바뀔
수 있는지는 별개의 이야기겠지요. 이 책에 소개된 5명처럼
자신의 가치관을 믿고 세상을 바꾸어갈 수 있을지 생각해보면
아무래도 주변 사람들과 비교하게 되죠. '지금보다 더 나아질
수 있을까?', '제대로 돈 벌면서 가족들을 먹여 살릴 수
있을까?'라는 고민에 빠져버리기도 하면서요.
남과의 비교에서 벗어나고 싶다고 생각하면서도 나만의
길을 가는 게 두렵다고 느끼는 스스로를 보고, 어느샌가
사회의 여러 시스템이나 가치 기준에 너무 익숙해졌다는

걸 통감했습니다. '어떻게 하면 벗어날 수 있을까', '나만의
행복이란 무엇일까'라는 질문에 대해서는 아직도 고민이
됩니다.

나카무라   올해 봄부터 제 디자인 사무소에 직원이 늘었는데요.
'아름다움'이라는 게 무엇인지 좀처럼 공유하기
어렵더라고요. 언어화할 수 있는 것과 언어화하기 어려운
것이 뒤섞인 영역에서 일하고 있다고 새삼 실감했습니다.
이건 '알맞다'라는 말과도 이어지는 이야기인데요.
환경과 참가자와의 균형이 맞는 상태를 '알맞다', 나아가
'아름답다'라고 할 수 있다고 생각합니다. 알맞은 관계성을
기반으로 무리하지 않고 원만한 상태. 그런 의미에서
댓푸드도 아름다움을 기반으로 일하고 있다고 느꼈습니다.

가나모리   저는 고쿠요가 지향하는 자율협동사회의 가능성이 보이기
시작했어요. 지금 우리 조직이나 메커니즘과는 차이가 있다는
걸 새삼 느꼈습니다. 아직 갈 길이 머네요. 자율협동사회로
향하기 위해 어떻게 사내외 동료들을 늘려가면 좋을지
생각하는 계기가 되었습니다.

스즈키   '내가 조직의 벽이 높은 곳에 오랫동안 있었구나' 하는 생각이

들었습니다. 이전 직장에서는 조직의 이해관계를 대표하는
입장에 있어서, 말해도 되는 것과 말해서는 안 되는 것이
있다는 걸 전제로 일해왔다는 사실을 깨달았죠.
반면 댓푸드의 구성원들과 농업 종사자의 관계는 수평적이고
개방되어 있었습니다. 누가 갑이고 누가 을인 관계가 아니라,
말 그대로 파트너십의 관계였죠.

우치다　　저는 회사 차원에서, 그리고 개인적으로 다양한 일과
프로젝트에 몸담고 있는데요. 언뜻 보기에는 제각각인
활동과 동료들이 하나의 커다란 물줄기로 합쳐질 듯한
예감이 들어요. 지금까지는 여러 조직과 활동이 별개로
느껴졌습니다. 그리고 프로젝트에 많은 사람이 함께하면서
잘 맞지 않을 때도 있었죠. 그럴 때는 잘해야 한다는 생각이
너무 강해서 다른 사람들이 재해석할 여지를 두지 못했던
것 같아요. 지금은 각자의 활동을 조금은 힘을 빼고 대하고
있습니다.

마츠마루　　비전, 미션 이야기를 하다 보면 큰 흐름이나 목표, 목적지를
중요시하게 되는데요. 그런 것보다도 이 강에서 노는 게
즐거운지 아닌지가 우연히 만난 흐름에 합류할지 결정하는
핵심이라고 생각했어요. 소설도 결말이 아니라 읽는 과정의
즐거움과 느낌이 본질인 것처럼요.

개인적으로는 큰 목표가 있는 것도 좋지만, 그보다 나와 주변
사람들의 상태가 괜찮은지를 더 중요하게 생각하는 편입니다.
또한 개인의 자유도가 높아지는 것은 반가운 현상이지만,
스스로 처음부터 끝까지 정하고 해나가는 것은 그것대로
괴로울 수 있어요. 자기결정이나 자기실현을 모든 사람에게
요구하는 사회도 혹독하다고 생각해요. 어떤 목표를 이루어야
한다는 강박으로부터 조금은 더 자유로워져도 되지 않을까
하는 생각도 듭니다.

'자본'의 의미가 바뀌고 있는지도 모릅니다.
마치 사회관계 자본처럼 자본이라는 게
교환 가능한 것이 아니라
고유의 성격을 가진 것일 수도 있겠죠.

미래를 만들어가는 이들과의
대화를 통해 찾은 자율과 협동

고쿠요는 1905년 창업 이래, 창조하는 힘을 가진 사람과 꾸준히 함께해왔습니다. 20세기를 거치며 인류는 세계대전이나 급속한 기술 발달, 글로벌경제 등의 큰 변화를 겪었지요. 그리고 지금, 우리는 또다시 커다란 전환점 앞에 서 있습니다. 하루가 다르게 진화하는 정보기술이 일상생활과 일하는 방식, 사물을 바라보는 관점까지 급격하게 바꾸고 있지만, 한편으로는 전염병이나 환경문제 등 미래에 대한 불확실성은 더욱 커지고 있습니다. 5년 뒤, 10년 뒤 우리는 어떤 방식으로 살아가고 있을까요?

앞으로 펼쳐질 시대의 거대한 흐름 속에서, 우리 모두가 자신의 가치관에 따라 스스로 판단하고 행동하고 다양한 사람들이 함께 미래를 만들어가는 '자율협동사회'가 하나의 이상상(理想像)이 될 수 있다고 생각합니다. 단순히 미래의 모습을 탐구하는 것에 그치지 않고, 더 좋은 사회를 만들어가기 위해 실천하는 주체가 되고 싶습니다.

이 책에 소개한 리서치 프로젝트는 그 첫걸음입니다. 아시아에서 자율과 협동을 실현해가고 있는 실천가들, 이들의 활동과 생각을 접하면서 각자의 가치관과 행동원리, 사회 배경에 대해 깊이 생각할 수 있었습니다. 여기서 얻은 힌트를 돌아보며, 자율협동사회에 대한 사고를 확장하는 기회로 삼고자 합니다. 이 책을 읽어주신 여러분도 함께 생각해주시길 기대합니다.

5가지 사례를 탐구하면서 미래의 일하는 방식, 삶의 방식을 이끌 '자율'과 '협동'이란 키워드가 조금씩 선명해졌습니다.

'자율'이라는 단어에는 애초에 스스로가 정한 것에 책임감 있게, 자신을 엄격하게 다스린다는 이미지가 있었습니다. 하지만 5가지 사례를 통해 알게 된 자율은 상상했던 것보다 더 유연했습니다.

자율적인 개인이란 무작정 외부의 개입을 차단하거나 보호하는
게 아니라 집단과 조직, 주변과의 호응적 관계에서 나오는
것이며, 타인과의 관계나 경험에 의해 변화하는 것일지도
모릅니다. 이런 유연한 개인은 무엇보다도 행복에 대해 스스로
인식하고 있었습니다. 금전이나 지위라는 외적 평가뿐 아니라
자신만의 기준으로 행복을 확인하고 진로를 정하는 그들의
모습이 인상 깊었습니다.

'협동'에 대해서는 경영의 세계에서 이상적으로 삼는,
공통의 가치관을 바탕으로 일사불란하게 움직이는 '미션이
이끄는(mission driven) 조직'을 떠올리곤 했습니다. 그러나 이
책에 소개된 협동에는 서로 소통하는 프로세스가 있었습니다.
동질성을 전제로 같은 목적을 좇는 게 아닌, 각자 다양한
배경을 가진 개인이 있는 그대로 자신을 표현할 수 있는 협동의
방식이 있다는 걸 알게 되었습니다. 개인의 흐름이 합쳐져
큰 강이 생겨나고, 다른 음색과 리듬이 어우러져 세션이 이어지는
이미지도 인상적이었습니다.

지역에 깊숙이 뿌리내리며 조금씩 미래 사회를 기획해가는
아시아의 실천가들을 만났던 이번 리서치 프로젝트를 시작으로,

저희는 국내외 파트너와 함께 미래를 탐구하며 실천가로 활동할
것입니다. 그 첫걸음을 기록한 이 책은 앞으로 펼쳐나갈 논의의
토대와 같습니다. 나 자신과 사회 모두에 보다 좋은 관계가
무엇인지 생각하고, 시행착오를 겪으면서도 행동을 멈추지 않는
분들에게 좋은 예시가 되었으면 합니다.

누구나 활기차게 일하고 활동하며 서로 이어질 수 있는
자율협동사회를 향한 탐구는 이제 막 시작되었습니다. 요코쿠
연구소의 '예고(요코쿠)'라는 이름에는 나라는 존재를 배제한
객관적인 예측이 아니라, '나는 이렇게 하고 싶다'라는 주관적인
의지를 알려가겠다는 의미가 담겨 있습니다. 주체적으로
미래를 예고하고, 지향하는 미래를 향해 끊임없이 시도하면서
조금씩이라도 그 미래가 가까워지고 더 좋은 사회가 실현될
것이라는 사실을, 우리는 굳게 믿고 있습니다.

코쿠요주식회사 요코쿠연구소
에토 모토히코

[본문 사진 출처]

ⓒ Photographs by Lê Xuân Phong
22-27p, 30p, 34-35p, 37p, 43p, 46p, 50p

ⓒ Photographs courtesy of ShopKirana
58-63p, 67p, 73p, 80-81p, 86-87p

ⓒ Photographs courtesy of Taitung Slow Food Festival
94-99p, 107p, 110p, 115p, 119p, 124-125p

ⓒ Photographs by dongil.Kim
132-137p, 142-143p, 147p, 150-151p, 157p, 162-163p

ⓒ Photographs by Rie Kose
170-175p, 179p, 182p, 185p, 188p, 192p, 196-197p, 201p, 207p, 211p

내일을 예고합니다
미래를 만드는 아시아의 기획자들

2024년 4월 12일 초판 1쇄 발행

지은이 고쿠요 요코쿠연구소·주식회사 리퍼블릭 | 기획 및 번역 제준혁
| 펴낸이 김은경 | 편집 권정희, 장보연 | 마케팅 박선영, 김하나
| 디자인 황주미 | 경영지원 이연정

펴낸곳 ㈜북스톤 | 주소 서울시 성동구 성수이로7길 30, 2층
| 대표전화 02-6463-7000 | 팩스 02-6499-1706
| 이메일 info@book-stone.co.kr
| 출판등록 2015년 1월 2일 제2018-000078호

ⓒ KOKUYO Co.,Ltd
(저작권자와 맺은 특약에 따라 검인을 생략합니다)

ISBN 979-11-93063-39-2(03320)

북스톤은 세상에 오래 남는 책을 만들고자 합니다. 이에 동참을 원하는 독자 여러분의
아이디어와 원고를 기다리고 있습니다. 책으로 엮기를 원하는 기획이나 원고가 있으
신 분은 연락처와 함께 이메일 info@book-stone.co.kr로 보내주세요. 돌에 새기듯,
오래 남는 지혜를 전하는 데 힘쓰겠습니다.